TRANZLATY
El idioma es para todos
La lingua è per tutti

El llamado de lo salvaje

Il richiamo della foresta

Jack London

Español / Italiano

Copyright © 2025 Tranzlaty
All rights reserved
Published by Tranzlaty
ISBN: 978-1-80572-882-5
Original text by Jack London
The Call of the Wild
First published in 1903
www.tranzlaty.com

Hacia lo primitivo
Nel primitivo

Buck no leía los periódicos.
Buck non leggeva i giornali.
Si hubiera leído los periódicos habría sabido que se avecinaban problemas.
Se avesse letto i giornali avrebbe saputo che i guai si stavano avvicinando.
Hubo problemas, no sólo para él sino para todos los perros de la marea.
Non erano guai solo per lui, ma per tutti i cani da caccia.
Todo perro con músculos fuertes y pelo largo y cálido iba a estar en problemas.
Ogni cane con muscoli forti e pelo lungo e caldo sarebbe stato nei guai.
Desde Puget Bay hasta San Diego ningún perro podía escapar de lo que se avecinaba.
Da Puget Bay a San Diego nessun cane poteva sfuggire a ciò che stava per accadere.
Los hombres, a tientas en la oscuridad del Ártico, encontraron un metal amarillo.
Gli uomini, brancolando nell'oscurità artica, avevano trovato un metallo giallo.
Las compañías navieras y de transporte iban en busca del descubrimiento.
Le compagnie di navigazione a vapore e di trasporto erano alla ricerca della scoperta.
Miles de hombres se precipitaron hacia el norte.
Migliaia di uomini si riversarono nel Nord.
Estos hombres querían perros, y los perros que querían eran perros pesados.
Questi uomini volevano dei cani, e i cani che volevano erano cani pesanti.
Perros con músculos fuertes para trabajar.
Cani dotati di muscoli forti per lavorare duro.
Perros con abrigos peludos para protegerlos de las heladas.

Cani con il pelo folto che li protegge dal gelo.

Buck vivía en una casa grande en el soleado valle de Santa Clara.
Buck viveva in una grande casa nella soleggiata Santa Clara Valley.
El lugar del juez Miller, se llamaba su casa.
La casa del giudice Miller era chiamata così.
Su casa estaba apartada de la carretera, medio oculta entre los árboles.
La sua casa era nascosta tra gli alberi, lontana dalla strada.
Se podían ver destellos de la amplia terraza que rodeaba la casa.
Si poteva intravedere l'ampia veranda che circondava la casa.
Se accedía a la casa mediante caminos de grava.
Si accedeva alla casa tramite vialetti ghiaiosi.
Los caminos serpenteaban a través de amplios prados.
I sentieri si snodavano attraverso ampi prati.
Allá arriba se veían las ramas entrelazadas de altos álamos.
In alto si intrecciavano i rami degli alti pioppi.
En la parte trasera de la casa las cosas eran aún más espaciosas.
Nella parte posteriore della casa le cose erano ancora più spaziose.
Había grandes establos, donde una docena de mozos de cuadra charlaban.
C'erano grandi scuderie, dove una dozzina di stallieri chiacchieravano
Había hileras de casas de servicio cubiertas de enredaderas.
C'erano file di cottage per i servi ricoperti di vite
Y había una interminable y ordenada serie de letrinas.
E c'era una serie infinita e ordinata di latrine
Largos parrales, verdes pastos, huertos y campos de bayas.
Lunghi pergolati d'uva, pascoli verdi, frutteti e campi di bacche.
Luego estaba la planta de bombeo del pozo artesiano.
Poi c'era l'impianto di pompaggio per il pozzo artesiano.

Y allí estaba el gran tanque de cemento lleno de agua.
E c'era la grande cisterna di cemento piena d'acqua.
Aquí los muchachos del juez Miller dieron su chapuzón matutino.
Qui i ragazzi del giudice Miller hanno fatto il loro tuffo mattutino.
Y allí también se refrescaron en la calurosa tarde.
E lì si rinfrescavano anche nel caldo pomeriggio.
Y sobre este gran dominio, Buck era quien lo gobernaba todo.
E su questo grande dominio, Buck era colui che lo governava tutto.
Buck nació en esta tierra y vivió aquí todos sus cuatro años.
Buck nacque su questa terra e visse qui tutti i suoi quattro anni.
Efectivamente había otros perros, pero realmente no importaban.
C'erano effettivamente altri cani, ma non avevano molta importanza.
En un lugar tan vasto como éste se esperaban otros perros.
In un posto vasto come questo ci si aspettava la presenza di altri cani.
Estos perros iban y venían, o vivían dentro de las concurridas perreras.
Questi cani andavano e venivano oppure vivevano nei canili affollati.
Algunos perros vivían escondidos en la casa, como Toots e Ysabel.
Alcuni cani vivevano nascosti in casa, come Toots e Ysabel.
Toots era un pug japonés, Ysabel una perra mexicana sin pelo.
Toots era un carlino giapponese, Ysabel una cagnolina messicana senza pelo.
Estas extrañas criaturas rara vez salían de la casa.
Queste strane creature raramente uscivano di casa.
No tocaron el suelo ni olieron el aire libre del exterior.
Non toccarono terra né annusarono l'aria esterna.

También estaban los fox terriers, al menos veinte en número.
C'erano anche i fox terrier, almeno una ventina.

Estos terriers le ladraron ferozmente a Toots y a Ysabel dentro de la casa.
Questi terrier abbaiavano ferocemente a Toots e Ysabel in casa.

Toots e Ysabel se quedaron detrás de las ventanas, a salvo de todo daño.
Toots e Ysabel rimasero dietro le finestre, al sicuro da ogni pericolo.

Estaban custodiados por criadas con escobas y trapeadores.
Erano sorvegliati da domestiche armate di scope e stracci.

Pero Buck no era un perro de casa ni tampoco de perrera.
Ma Buck non era un cane da casa e nemmeno da canile.

Toda la propiedad pertenecía a Buck como su legítimo reino.
L'intera proprietà apparteneva a Buck come suo legittimo regno.

Buck nadaba en el tanque o salía a cazar con los hijos del juez.
Buck nuotava nella vasca o andava a caccia con i figli del giudice.

Caminaba con Mollie y Alice temprano o tarde.
Camminava con Mollie e Alice nelle prime ore del mattino o tardi.

En las noches frías yacía junto al fuego de la biblioteca con el juez.
Nelle notti fredde si sdraiava davanti al fuoco della biblioteca insieme al giudice.

Buck llevaba a los nietos del juez en su fuerte espalda.
Buck accompagnava i nipoti del giudice sulla sua robusta schiena.

Se revolcó en el césped con los niños, vigilándolos de cerca.
Si rotolava nell'erba insieme ai ragazzi, sorvegliandoli da vicino.

Se aventuraron hasta la fuente e incluso pasaron por los campos de bayas.
Si avventurarono fino alla fontana e addirittura oltre i campi di bacche.

Entre los fox terriers, Buck caminaba siempre con orgullo real.
Tra i fox terrier, Buck camminava sempre con orgoglio regale.
Él ignoró a Toots y Ysabel, tratándolos como si fueran aire.
Ignorò Toots e Ysabel, trattandoli come se fossero aria.
Buck reinaba sobre todas las criaturas vivientes en la tierra del juez Miller.
Buck governava tutte le creature viventi sulla terra del giudice Miller.
Él gobernaba a los animales, a los insectos, a los pájaros e incluso a los humanos.
Dominava gli animali, gli insetti, gli uccelli e perfino gli esseri umani.
El padre de Buck, Elmo, había sido un San Bernardo enorme y leal.
Il padre di Buck, Elmo, era un enorme e fedele San Bernardo.
Elmo nunca se apartó del lado del juez y le sirvió fielmente.
Elmo non si allontanò mai dal Giudice e lo servì fedelmente.
Buck parecía dispuesto a seguir el noble ejemplo de su padre.
Buck sembrava pronto a seguire il nobile esempio del padre.
Buck no era tan grande: pesaba ciento cuarenta libras.
Buck non era altrettanto grande: pesava sessanta chili.
Su madre, Shep, había sido una excelente perra pastor escocesa.
Sua madre, Shep, era una splendida cagnolina da pastore scozzese.
Pero incluso con ese peso, Buck caminaba con presencia majestuosa.
Ma nonostante il suo peso, Buck camminava con una presenza regale.
Esto fue gracias a la buena comida y al respeto que siempre recibió.
Ciò derivava dal buon cibo e dal rispetto che riceveva sempre.
Durante cuatro años, Buck había vivido como un noble mimado.
Per quattro anni Buck aveva vissuto come un nobile viziato.

Estaba orgulloso de sí mismo y hasta era un poco egoísta.
Era orgoglioso di sé stesso e perfino un po' egocentrico.
Ese tipo de orgullo era común entre los señores de países remotos.
Quel tipo di orgoglio era comune tra i signori delle campagne remote.
Pero Buck se salvó de convertirse en un perro doméstico mimado.
Ma Buck si salvò dal diventare un cane domestico viziato.
Se mantuvo delgado y fuerte gracias a la caza y el ejercicio.
Rimase snello e forte grazie alla caccia e all'esercizio fisico.
Amaba profundamente el agua, como la gente que se baña en lagos fríos.
Amava profondamente l'acqua, come chi si bagna nei laghi freddi.
Este amor por el agua mantuvo a Buck fuerte y muy saludable.
Questo amore per l'acqua mantenne Buck forte e molto sano.
Éste era el perro en que se había convertido Buck en el otoño de 1897.
Questo era il cane che Buck era diventato nell'autunno del 1897.
Cuando la huelga de Klondike arrastró a los hombres hacia el gélido Norte.
Quando lo sciopero del Klondike spinse gli uomini verso il gelido Nord.
La gente acudió en masa desde todos los rincones del mundo hacia aquella tierra fría.
Da ogni parte del mondo la gente accorse in massa verso la fredda terra.
Buck, sin embargo, no leía los periódicos ni entendía las noticias.
Buck, tuttavia, non leggeva i giornali e non capiva le notizie.
Él no sabía que Manuel era un mal hombre con quien estar.
Non sapeva che Manuel fosse una persona cattiva con cui stare.

Manuel, que ayudaba en el jardín, tenía un problema profundo.
Manuel, che aiutava in giardino, aveva un grosso problema.
Manuel era adicto al juego de la lotería china.
Manuel era dipendente dal gioco d'azzardo alla lotteria cinese.
También creía firmemente en un sistema fijo para ganar.
Credeva fermamente anche in un sistema fisso per vincere.
Esa creencia hizo que su fracaso fuera seguro e inevitable.
Questa convinzione rese il suo fallimento certo e inevitabile.
Jugar con un sistema exige dinero, del que Manuel carecía.
Per giocare con un sistema erano necessari soldi, soldi che a Manuel mancavano.
Su salario apenas alcanzaba para mantener a su esposa y a sus numerosos hijos.
Il suo stipendio bastava a malapena a sostenere la moglie e i numerosi figli.
La noche en que Manuel traicionó a Buck, las cosas estaban normales.
La notte in cui Manuel tradì Buck, tutto era normale.
El juez estaba en una reunión de la Asociación de Productores de Pasas.
Il giudice si trovava a una riunione dell'Associazione dei coltivatori di uva passa.
Los hijos del juez estaban entonces ocupados formando un club atlético.
A quel tempo i figli del giudice erano impegnati a fondare un club sportivo.
Nadie vio a Manuel y Buck salir por el huerto.
Nessuno vide Manuel e Buck uscire dal frutteto.
Buck pensó que esta caminata era simplemente un simple paseo nocturno.
Buck pensava che questa fosse solo una semplice passeggiata notturna.
Se encontraron con un solo hombre en la estación de la bandera, en College Park.
Incontrarono un solo uomo alla stazione della bandiera, a College Park.

Ese hombre habló con Manuel y intercambiaron dinero.
Quell'uomo parlò con Manuel e si scambiarono i soldi.
"Envuelva la mercancía antes de entregarla", sugirió.
"Imballa la merce prima di consegnarla", suggerì.
La voz del hombre era áspera e impaciente mientras hablaba.
La voce dell'uomo era roca e impaziente mentre parlava.
Manuel ató cuidadosamente una cuerda gruesa alrededor del cuello de Buck.
Manuel legò con cura una corda spessa attorno al collo di Buck.
"Si retuerces la cuerda, lo estrangularás bastante"
"Se giri la corda, lo strangolerai di brutto"
El extraño emitió un gruñido, demostrando que entendía bien.
Lo straniero emise un grugnito, dimostrando di aver capito bene.
Buck aceptó la cuerda con calma y tranquila dignidad ese día.
Quel giorno Buck accettò la corda con calma e silenziosa dignità.
Fue un acto inusual, pero Buck confiaba en los hombres que conocía.
Era un atto insolito, ma Buck si fidava degli uomini che conosceva.
Él creía que su sabiduría iba mucho más allá de su propio pensamiento.
Credeva che la loro saggezza andasse ben oltre il suo pensiero.
Pero entonces la cuerda fue entregada a manos del extraño.
Ma poi la corda venne consegnata nelle mani dello straniero.
Buck emitió un gruñido bajo que advertía con una amenaza silenciosa.
Buck emise un ringhio basso che suonava come un avvertimento e una minaccia silenziosa.
Era orgulloso y autoritario y quería mostrar su descontento.
Era orgoglioso e autoritario e intendeva mostrare il suo disappunto.

Buck creyó que su advertencia sería entendida como una orden.
Buck credeva che il suo avvertimento sarebbe stato interpretato come un ordine.
Para su sorpresa, la cuerda se tensó rápidamente alrededor de su grueso cuello.
Con suo grande stupore, la corda si strinse rapidamente attorno al suo grosso collo.
Se quedó sin aire y comenzó a luchar con una furia repentina.
Gli mancò l'aria e cominciò a lottare in preda a una rabbia improvvisa.
Saltó hacia el hombre, quien rápidamente se encontró con Buck en el aire.
Si lanciò verso l'uomo, che si lanciò rapidamente contro Buck a mezz'aria.
El hombre agarró la garganta de Buck y lo retorció hábilmente en el aire.
L'uomo afferrò Buck per la gola e lo fece ruotare abilmente in aria.
Buck fue arrojado al suelo con fuerza, cayendo de espaldas.
Buck venne scaraventato a terra con violenza, atterrando sulla schiena.
La cuerda ahora lo estrangulaba cruelmente mientras él pateaba salvajemente.
La corda ora lo strangolava crudelmente mentre lui scalciava selvaggiamente.
Se le cayó la lengua, su pecho se agitó, pero no recuperó el aliento.
La sua lingua cadde fuori, il suo petto si sollevò, ma non riprese fiato.
Nunca había sido tratado con tanta violencia en su vida.
Non era mai stato trattato con tanta violenza in vita sua.
Tampoco nunca antes se había sentido tan lleno de furia.
Non era mai stato così profondamente invaso da una rabbia così profonda.

Pero el poder de Buck se desvaneció y sus ojos se volvieron vidriosos.
Ma il potere di Buck svanì e i suoi occhi diventarono vitrei.
Se desmayó justo cuando un tren se detuvo cerca.
Svenne proprio mentre un treno veniva fermato lì vicino.
Luego los dos hombres lo arrojaron rápidamente al vagón de equipaje.
Poi i due uomini lo caricarono velocemente nel vagone bagagli.
Lo siguiente que sintió Buck fue dolor en su lengua hinchada.
La cosa successiva che Buck sentì fu dolore alla lingua gonfia.
Se desplazaba en un carro tambaleante, apenas consciente.
Si muoveva su un carro traballante, solo vagamente cosciente.
El agudo grito del silbato del tren le indicó a Buck su ubicación.
Il fischio acuto di un treno rivelò a Buck la sua posizione.
Había viajado muchas veces con el Juez y conocía esa sensación.
Aveva spesso cavalcato con il Giudice e conosceva quella sensazione.
Fue una experiencia única viajar nuevamente en un vagón de equipajes.
Fu un'esperienza unica viaggiare di nuovo in un vagone bagagli.
Buck abrió los ojos y su mirada ardía de rabia.
Buck aprì gli occhi e il suo sguardo ardeva di rabbia.
Esta fue la ira de un rey orgulloso destronado.
Questa era l'ira di un re orgoglioso detronizzato.
Un hombre intentó agarrarlo, pero Buck lo atacó primero.
Un uomo allungò la mano per afferrarlo, ma Buck colpì per primo.
Hundió los dientes en la mano del hombre y la sujetó con fuerza.
Affondò i denti nella mano dell'uomo e la strinse forte.
No lo soltó hasta que se desmayó por segunda vez.
Non mi lasciò andare finché non svenne per la seconda volta.

—Sí, tiene ataques —murmuró el hombre al maletero.
"Sì, ha degli attacchi", borbottò l'uomo al facchino.
El maletero había oído la lucha y se acercó.
Il facchino aveva sentito la colluttazione e si era avvicinato.
"Lo llevaré a Frisco para el jefe", explicó el hombre.
"Lo porto a Frisco per conto del capo", spiegò l'uomo.
"Allí hay un buen veterinario que dice poder curarlos".
"C'è un bravo dottore per cani che dice di poterli curare."
Más tarde esa noche, el hombre dio su propio relato completo.
Più tardi quella notte l'uomo raccontò la sua versione completa.
Habló desde un cobertizo detrás de un salón en los muelles.
Parlava da un capannone dietro un saloon sul molo.
"Lo único que me dieron fueron cincuenta dólares", se quejó al tabernero.
"Mi hanno dato solo cinquanta dollari", si lamentò con il gestore del saloon.
"No lo volvería a hacer ni por mil dólares en efectivo".
"Non lo rifarei, nemmeno per mille dollari in contanti."
Su mano derecha estaba fuertemente envuelta en un paño ensangrentado.
La sua mano destra era strettamente avvolta in un panno insanguinato.
La pernera de su pantalón estaba abierta de par en par desde la rodilla hasta el pie.
La gamba dei suoi pantaloni era completamente strappata dal ginocchio al piede.
—**¿Cuánto le pagaron al otro tipo?** —preguntó el tabernero.
"Quanto è stato pagato l'altro tizio?" chiese il gestore del saloon.
"Cien", respondió el hombre, "no aceptaría ni un centavo menos".
«Cento», rispose l'uomo, «non ne accetterebbe uno in meno».
—**Eso suma ciento cincuenta** —dijo el tabernero.
"Questo fa centocinquanta", disse il gestore del saloon.
"Y él lo vale todo, o no soy más que un idiota".

"E lui li merita tutti, altrimenti non sono meglio di uno stupido."
El hombre abrió los envoltorios para examinar su mano.
L'uomo aprì gli involucri per esaminarsi la mano.
La mano estaba gravemente desgarrada y cubierta de sangre seca.
La mano era gravemente graffiata e ricoperta di croste di sangue secco.
"Si no consigo la hidrofobia..." empezó a decir.
"Se non mi viene l'idrofobia..." cominciò a dire.
"Será porque naciste para la horca", dijo entre risas.
"Sarà perché sei nato per impiccarti", giunse una risata.
"Ven a ayudarme antes de irte", le pidieron.
"Aiutami prima di partire", gli chiesero.
Buck estaba aturdido por el dolor en la lengua y la garganta.
Buck era stordito dal dolore alla lingua e alla gola.
Estaba medio estrangulado y apenas podía mantenerse en pie.
Era mezzo strangolato e riusciva a malapena a stare in piedi.
Aún así, Buck intentó enfrentar a los hombres que lo habían lastimado.
Ciononostante, Buck cercò di affrontare gli uomini che lo avevano ferito così duramente.
Pero lo derribaron y lo estrangularon una vez más.
Ma lo gettarono a terra e lo strangolarono ancora una volta.
Sólo entonces pudieron quitarle el pesado collar de bronce.
Solo allora riuscirono a segargli il pesante collare di ottone.
Le quitaron la cuerda y lo metieron en una caja.
Tolsero la corda e lo spinsero in una cassa.
La caja era pequeña y tenía la forma de una tosca jaula de hierro.
La cassa era piccola e aveva la forma di una gabbia di ferro grezza.
Buck permaneció allí toda la noche, lleno de ira y orgullo herido.
Buck rimase lì per tutta la notte, pieno di rabbia e di orgoglio ferito.

No podía ni siquiera empezar a comprender lo que le estaba pasando.
Non riusciva nemmeno a capire cosa gli stesse succedendo.
¿Por qué estos hombres extraños lo mantenían en esa pequeña caja?
Perché quegli strani uomini lo tenevano in quella piccola cassa?
¿Qué querían de él y por qué este cruel cautiverio?
Cosa volevano da lui e perché questa crudele prigionia?
Sintió una presión oscura; una sensación de desastre que se acercaba.
Sentì una pressione oscura e la sensazione che il disastro si avvicinasse.
Era un miedo vago, pero que se apoderó pesadamente de su espíritu.
Era una paura vaga, ma si impadronì pesantemente del suo spirito.
Saltó varias veces cuando la puerta del cobertizo vibró.
Diverse volte sobbalzò quando la porta del capanno sbatteva.
Esperaba que el juez o los muchachos aparecieran y lo rescataran.
Si aspettava che il giudice o i ragazzi apparissero e lo salvassero.
Pero cada vez sólo se asomaba el rostro gordo del tabernero.
Ma ogni volta solo la faccia grassa del gestore del saloon faceva capolino all'interno.
El rostro del hombre estaba iluminado por el tenue resplandor de una vela de sebo.
Il volto dell'uomo era illuminato dalla debole luce di una candela di sego.
Cada vez, el alegre ladrido de Buck cambiaba a un gruñido bajo y enojado.
Ogni volta, il latrato gioioso di Buck si trasformava in un ringhio basso e arrabbiato.

El tabernero lo dejó solo durante la noche en el cajón.
Il gestore del saloon lo ha lasciato solo per la notte nella cassa

Pero cuando se despertó por la mañana, venían más hombres.
Ma quando si svegliò la mattina seguente, altri uomini stavano arrivando.
Llegaron cuatro hombres y recogieron la caja con cuidado y sin decir palabra.
Arrivarono quattro uomini e, con cautela, sollevarono la cassa senza dire una parola.
Buck supo de inmediato en qué situación se encontraba.
Buck capì subito in quale situazione si trovava.
Eran otros torturadores contra los que tenía que luchar y a los que tenía que temer.
Erano ulteriori tormentatori che doveva combattere e temere.
Estos hombres parecían malvados, andrajosos y muy mal arreglados.
Questi uomini apparivano malvagi, trasandati e molto mal curati.
Buck gruñó y se abalanzó sobre ellos ferozmente a través de los barrotes.
Buck ringhiò e si lanciò contro di loro con furia attraverso le sbarre.
Ellos simplemente se rieron y lo golpearon con largos palos de madera.
Si limitarono a ridere e a colpirlo con lunghi bastoni di legno.
Buck mordió los palos y luego se dio cuenta de que eso era lo que les gustaba.
Buck morse i bastoncini, poi capì che era quello che gli piaceva.
Así que se quedó acostado en silencio, hosco y ardiendo de rabia silenciosa.
Così si sdraiò in silenzio, imbronciato e acceso da una rabbia silenziosa.
Subieron la caja a un carro y se fueron con él.
Caricarono la cassa su un carro e se ne andarono con lui.
La caja, con Buck encerrado dentro, cambiaba de manos a menudo.
La cassa, con Buck chiuso dentro, cambiò spesso proprietario.

Los empleados de la oficina exprés se hicieron cargo de él y lo atendieron brevemente.
Gli impiegati dell'ufficio espresso presero in mano la situazione e si occuparono di lui per un breve periodo.
Luego, otro carro transportó a Buck a través de la ruidosa ciudad.
Poi un altro carro trasportò Buck attraverso la rumorosa città.
Un camión lo llevó con cajas y paquetes a un ferry.
Un camion lo portò con sé scatole e pacchi su un traghetto.
Después de cruzar, el camión lo descargó en una estación ferroviaria.
Dopo l'attraversamento, il camion lo scaricò presso un deposito ferroviario.
Finalmente, colocaron a Buck dentro de un vagón expreso que lo esperaba.
Alla fine Buck venne fatto salire a bordo di un vagone espresso in attesa.
Durante dos días y dos noches, los trenes arrastraron el vagón expreso.
Per due giorni e due notti i treni trascinarono via il vagone espresso.
Buck no comió ni bebió durante todo el doloroso viaje.
Buck non mangiò né bevve durante tutto il doloroso viaggio.
Cuando los mensajeros expresos intentaron acercarse a él, gruñó.
Quando i messaggeri cercarono di avvicinarlo, lui ringhiò.
Ellos respondieron burlándose de él y molestándolo cruelmente.
Risposero prendendolo in giro e prendendolo in giro crudelmente.
Buck se arrojó contra los barrotes, echando espuma y temblando.
Buck si gettò contro le sbarre, schiumando e tremando
Se rieron a carcajadas y se burlaron de él como matones del patio de la escuela.
risero sonoramente e lo presero in giro come i bulli della scuola.

Ladraban como perros de caza y agitaban los brazos.
Abbaiavano come cani finti e agitavano le braccia.
Incluso cantaron como gallos sólo para molestarlo más.
Arrivarono persino a cantare come galli, solo per farlo arrabbiare ancora di più.
Fue un comportamiento tonto y Buck sabía que era ridículo.
Era un comportamento sciocco e Buck sapeva che era ridicolo.
Pero eso sólo profundizó su sentimiento de indignación y vergüenza.
Ma questo non fece altro che accrescere il suo senso di indignazione e vergogna.
Durante el viaje no le molestó mucho el hambre.
Durante il viaggio la fame non lo disturbò molto.
Pero la sed traía consigo un dolor agudo y un sufrimiento insoportable.
Ma la sete portava con sé dolori acuti e sofferenze insopportabili.
Su garganta y lengua secas e inflamadas ardían de calor.
La sua gola secca e infiammata e la lingua bruciavano per il calore.
Este dolor alimentó la fiebre que crecía dentro de su orgulloso cuerpo.
Questo dolore alimentava la febbre che cresceva nel suo corpo orgoglioso.
Buck estuvo agradecido por una sola cosa durante esta prueba.
Durante questa prova Buck fu grato per una sola cosa.
Le habían quitado la cuerda que le rodeaba el grueso cuello.
Gli avevano tolto la corda dal grosso collo.
La cuerda había dado a esos hombres una ventaja injusta y cruel.
La corda aveva dato a quegli uomini un vantaggio ingiusto e crudele.
Ahora la cuerda había desaparecido y Buck juró que nunca volvería.
Ora la corda non c'era più e Buck giurò che non sarebbe mai più tornata.

Decidió que nunca más volvería a pasarle una cuerda al cuello.
Decise che nessuna corda gli sarebbe mai più passata intorno al collo.
Durante dos largos días y noches sufrió sin comer.
Per due lunghi giorni e due lunghe notti soffrì senza cibo.
Y en esas horas se fue acumulando en su interior una rabia enorme.
E in quelle ore, accumulò dentro di sé una rabbia enorme.
Sus ojos se volvieron inyectados en sangre y salvajes por la ira constante.
I suoi occhi diventarono iniettati di sangue e selvaggi per la rabbia costante.
Ya no era Buck, sino un demonio con mandíbulas chasqueantes.
Non era più Buck, ma un demone con le fauci che schioccavano.
Ni siquiera el juez habría reconocido a esta loca criatura.
Nemmeno il Giudice avrebbe potuto riconoscere questa folle creatura.
Los mensajeros exprés suspiraron aliviados cuando llegaron a Seattle.
I messaggeri espressi tirarono un sospiro di sollievo quando giunsero a Seattle
Cuatro hombres levantaron la caja y la llevaron a un patio trasero.
Quattro uomini sollevarono la cassa e la portarono in un cortile sul retro.
El patio era pequeño, rodeado de muros altos y sólidos.
Il cortile era piccolo, circondato da mura alte e solide.
Un hombre corpulento salió con una camisa roja holgada.
Un uomo corpulento uscì dalla stanza con una scollatura larga e una camicia rossa.
Firmó el libro de entrega con letra gruesa y atrevida.
Firmò il registro delle consegne con una calligrafia spessa e decisa.

Buck sintió de inmediato que este hombre era su próximo torturador.
Buck intuì subito che quell'uomo era il suo prossimo aguzzino.
Se abalanzó violentamente contra los barrotes, con los ojos rojos de furia.
Si lanciò violentemente contro le sbarre, con gli occhi rossi di rabbia.
El hombre simplemente sonrió oscuramente y fue a buscar un hacha.
L'uomo si limitò a sorridere amaramente e andò a prendere un'ascia.
También traía un garrote en su gruesa y fuerte mano derecha.
Teneva anche una mazza nella sua grossa e forte mano destra.
"¿Vas a sacarlo ahora?" preguntó preocupado el conductor.
"Lo porterai fuori adesso?" chiese l'autista preoccupato.
—Claro —dijo el hombre, metiendo el hacha en la caja a modo de palanca.
"Certo", disse l'uomo, infilando l'ascia nella cassa come se fosse una leva.
Los cuatro hombres se dispersaron instantáneamente y saltaron al muro del patio.
I quattro uomini si dileguarono all'istante, saltando sul muro del cortile.
Desde sus lugares seguros arriba, esperaban para observar el espectáculo.
Dai loro punti sicuri in alto, aspettavano di ammirare lo spettacolo.
Buck se abalanzó sobre la madera astillada, mordiéndola y sacudiéndola ferozmente.
Buck si lanciò contro il legno scheggiato, mordendolo e scuotendolo violentemente.
Cada vez que el hacha golpeaba la jaula, Buck estaba allí para atacarla.
Ogni volta che l'ascia colpiva la gabbia, Buck era lì pronto ad attaccarla.

Gruñó y chasqueó los dientes con furia salvaje, ansioso por ser liberado.
Ringhiò e schioccò le dita in preda a una rabbia selvaggia, desideroso di essere liberato.
El hombre que estaba afuera estaba tranquilo y firme, concentrado en su tarea.
L'uomo all'esterno era calmo e fermo, concentrato sul suo compito.
"Muy bien, demonio de ojos rojos", dijo cuando el agujero fue grande.
"Bene allora, diavolo dagli occhi rossi", disse quando il buco fu grande.
Dejó caer el hacha y tomó el garrote con su mano derecha.
Lasciò cadere l'ascia e prese la mazza nella mano destra.
Buck realmente parecía un demonio; con los ojos inyectados en sangre y llameantes.
Buck sembrava davvero un diavolo: aveva gli occhi iniettati di sangue e fiammeggianti.
Su pelaje se erizó, le salía espuma por la boca y sus ojos brillaban.
Il suo pelo si rizzò, la schiuma gli salì alla bocca e gli occhi brillarono.
Tensó los músculos y se lanzó directamente hacia el suéter rojo.
Lui tese i muscoli e si lanciò dritto verso il maglione rosso.
Ciento cuarenta libras de furia volaron hacia el hombre tranquilo.
Centoquaranta libbre di furia si riversarono sull'uomo calmo.
Justo antes de que sus mandíbulas se cerraran, un golpe terrible lo golpeó.
Un attimo prima che le sue fauci si chiudessero, un colpo terribile lo colpì.
Sus dientes chasquearon al chocar contra nada más que el aire.
I suoi denti si schioccarono insieme solo sull'aria
Una sacudida de dolor resonó a través de su cuerpo
una scossa di dolore gli risuonò nel corpo

Dio una vuelta en el aire y se estrelló sobre su espalda y su costado.
Si capovolse a mezz'aria e cadde sulla schiena e su un fianco.
Nunca antes había sentido el golpe de un garrote y no podía agarrarlo.
Non aveva mai sentito prima un colpo di mazza e non riusciva a sostenerlo.
Con un gruñido estridente, mitad ladrido, mitad grito, saltó de nuevo.
Con un ringhio acuto, in parte abbaio, in parte urlo, saltò di nuovo.
Otro golpe brutal lo alcanzó y lo arrojó al suelo.
Un altro colpo violento lo colpì e lo scaraventò a terra.
Esta vez Buck lo entendió: era el pesado garrote del hombre.
Questa volta Buck capì: era la pesante clava dell'uomo.
Pero la rabia lo cegó y no pensó en retirarse.
Ma la rabbia lo accecò e non pensò minimamente di ritirarsi.
Doce veces se lanzó y doce veces cayó.
Dodici volte si lanciò e dodici volte cadde.
El palo de madera lo golpeaba cada vez con una fuerza despiadada y aplastante.
La mazza di legno lo colpiva ogni volta con una forza spietata e schiacciante.
Después de un golpe feroz, se tambaleó hasta ponerse de pie, aturdido y lento.
Dopo un colpo violento, si rialzò barcollando, stordito e lento.
Le salía sangre de la boca, de la nariz y hasta de las orejas.
Il sangue gli colava dalla bocca, dal naso e perfino dalle orecchie.
Su pelaje, otrora hermoso, estaba manchado de espuma sanguinolenta.
Il suo mantello, un tempo bellissimo, era imbrattato di schiuma insanguinata.
Entonces el hombre se adelantó y le dio un golpe tremendo en la nariz.
Poi l'uomo si fece avanti e gli sferrò un violento colpo al naso.

La agonía fue más aguda que cualquier cosa que Buck hubiera sentido jamás.
L'agonia fu più acuta di qualsiasi cosa Buck avesse mai provato.
Con un rugido más de bestia que de perro, saltó nuevamente para atacar.
Con un ruggito più da bestia che da cane, balzò di nuovo all'attacco.
Pero el hombre se agarró la mandíbula inferior y la torció hacia atrás.
Ma l'uomo gli afferrò la mascella inferiore e la torse all'indietro.
Buck se dio una vuelta de cabeza y volvió a caer con fuerza.
Buck si girò a testa in giù e cadde di nuovo violentemente al suolo.
Una última vez, Buck cargó contra él, ahora apenas capaz de mantenerse en pie.
Un'ultima volta, Buck si lanciò verso di lui, ormai a malapena in grado di reggersi in piedi.
El hombre atacó con una sincronización experta, dando el golpe final.
L'uomo colpì con sapiente tempismo, sferrando il colpo finale.
Buck se desplomó en un montón, inconsciente e inmóvil.
Buck crollò a terra, privo di sensi e immobile.
"No es ningún inútil a la hora de domar perros, eso es lo que digo", gritó un hombre.
"Non è uno stupido ad addestrare i cani, ecco cosa dico io", urlò un uomo.
"Druther puede quebrar la voluntad de un perro cualquier día de la semana".
"Druther può spezzare la volontà di un segugio in qualsiasi giorno della settimana."
"¡Y dos veces el domingo!" añadió el conductor.
"E due volte di domenica!" aggiunse l'autista.
Se subió al carro y tiró de las riendas para partir.
Salì sul carro e tirò le redini per partire.
Buck recuperó lentamente el control de su conciencia.

Buck riprese lentamente il controllo della sua coscienza

Pero su cuerpo todavía estaba demasiado débil y roto para moverse.

ma il suo corpo era ancora troppo debole e rotto per muoversi.

Se quedó donde había caído, observando al hombre del suéter rojo.

Rimase lì dove era caduto, osservando l'uomo con il maglione rosso.

"Responde al nombre de Buck", dijo el hombre, leyendo en voz alta.

"Risponde al nome di Buck", disse l'uomo, leggendo ad alta voce.

Citó la nota enviada con la caja de Buck y los detalles.

Citò la nota inviata con la cassa di Buck e i dettagli.

—Bueno, Buck, muchacho —continuó el hombre con tono amistoso—.

"Bene, Buck, ragazzo mio", continuò l'uomo con tono amichevole,

"Hemos tenido nuestra pequeña pelea y ahora todo ha terminado entre nosotros".

"Abbiamo avuto il nostro piccolo litigio, e ora tra noi è finita."

"Tú has aprendido cuál es tu lugar y yo he aprendido cuál es el mío", añadió.

"Tu hai imparato qual è il tuo posto, e io ho imparato qual è il mio", ha aggiunto.

"Sé bueno y todo irá bien y la vida será placentera".

"Sii buono e tutto andrà bene e la vita sarà piacevole."

"Pero si te portas mal, te daré una paliza, ¿entiendes?"

"Ma se sei cattivo, ti spaccherò a morte, capito?"

Mientras hablaba, extendió la mano y acarició la cabeza dolorida de Buck.

Mentre parlava, allungò la mano e accarezzò la testa dolorante di Buck.

El cabello de Buck se erizó ante el toque del hombre, pero no se resistió.

I capelli di Buck si rizzarono al tocco dell'uomo, ma lui non oppose resistenza.

El hombre le trajo agua, que Buck bebió a grandes tragos.
L'uomo gli portò dell'acqua e Buck la bevve a grandi sorsi.
Luego vino la carne cruda, que Buck devoró trozo a trozo.
Poi arrivò la carne cruda, che Buck divorò pezzo per pezzo.
Sabía que estaba derrotado, pero también sabía que no estaba roto.
Sapeva di essere stato sconfitto, ma sapeva anche di non essere distrutto.
No tenía ninguna posibilidad contra un hombre armado con un garrote.
Non aveva alcuna possibilità contro un uomo armato di manganello.
Había aprendido la verdad y nunca olvidó esa lección.
Aveva imparato la verità e non dimenticò mai quella lezione.
Esa arma fue el comienzo de la ley en el nuevo mundo de Buck.
Quell'arma segnò l'inizio della legge nel nuovo mondo di Buck.
Fue el comienzo de un orden duro y primitivo que no podía negar.
Fu l'inizio di un ordine duro e primitivo che non poteva negare.
Aceptó la verdad; sus instintos salvajes ahora estaban despiertos.
Accettò la verità: i suoi istinti selvaggi erano ormai risvegliati.
El mundo se había vuelto más duro, pero Buck lo afrontó con valentía.
Il mondo era diventato più duro, ma Buck lo affrontò coraggiosamente.
Afrontó la vida con nueva cautela, astucia y fuerza silenciosa.
Affrontò la vita con una nuova cautela, astuzia e una forza silenziosa.
Llegaron más perros, atados con cuerdas o cajas como había estado Buck.
Arrivarono altri cani, legati con corde o gabbie, come era successo a Buck.

Algunos perros llegaron con calma, otros se enfurecieron y pelearon como bestias salvajes.
Alcuni cani procedevano con calma, altri si infuriavano e combattevano come bestie feroci.
Todos ellos quedaron bajo el dominio del hombre del suéter rojo.
Tutti loro furono sottoposti al dominio dell'uomo con il maglione rosso.
Cada vez, Buck observaba y veía cómo se desarrollaba la misma lección.
Ogni volta Buck osservava e vedeva svolgersi la stessa lezione.
El hombre con el garrote era la ley, un amo al que había que obedecer.
L'uomo con la clava era la legge: un padrone a cui obbedire.
No necesitaba ser querido, pero sí obedecido.
Non era necessario che gli piacesse, ma che gli si obbedisse.
Buck nunca adulaba ni meneaba la cola como lo hacían los perros más débiles.
Buck non si è mai mostrato adulatore o scodinzolante come facevano i cani più deboli.
Vio perros que estaban golpeados y todavía lamían la mano del hombre.
Vide dei cani che erano stati picchiati e che continuavano a leccare la mano dell'uomo.
Vio un perro que no obedecía ni se sometía en absoluto.
Vide un cane che non obbediva né si sottometteva affatto.
Ese perro luchó hasta que murió en la batalla por el control.
Quel cane ha combattuto fino alla morte nella battaglia per il controllo.
A veces, desconocidos venían a ver al hombre del suéter rojo.
A volte degli sconosciuti venivano a trovare l'uomo con il maglione rosso.
Hablaban en tonos extraños, suplicando, negociando y riendo.
Parlavano con toni strani, supplicando, contrattando e ridendo.

Cuando se intercambiaba dinero, se iban con uno o más perros.
Dopo aver scambiato i soldi, se ne andavano con uno o più cani.

Buck se preguntó a dónde habían ido esos perros, pues ninguno regresaba jamás.
Buck si chiese dove andassero questi cani, perché nessuno faceva mai ritorno.

El miedo a lo desconocido llenaba a Buck cada vez que un hombre extraño se acercaba.
la paura dell'ignoto riempiva Buck ogni volta che un uomo sconosciuto si avvicinava

Se alegraba cada vez que se llevaban a otro perro en lugar de a él mismo.
era contento ogni volta che veniva preso un altro cane, al posto suo.

Pero finalmente, llegó el turno de Buck con la llegada de un hombre extraño.
Ma alla fine arrivò il turno di Buck con l'arrivo di uno strano uomo.

Era pequeño, fibroso y hablaba un inglés deficiente y decía palabrotas.
Era piccolo, nervoso e parlava un inglese stentato e imprecava.

—¡Sacredam! —gritó cuando vio el cuerpo de Buck.
"Sacredam!" urlò quando vide il corpo di Buck.

—¡Qué perro tan bravucón! ¿Eh? ¿Cuánto? —preguntó en voz alta.
"Che cane maledetto e prepotente! Eh? Quanto costa?" chiese ad alta voce.

"Trescientos, y es un regalo a ese precio".
"Trecento, ed è un regalo a quel prezzo",

—Como es dinero del gobierno, no deberías quejarte, Perrault.
"Dato che sono soldi del governo, non dovresti lamentarti, Perrault."

Perrault sonrió ante el trato que acababa de hacer con aquel hombre.

Perrault sorrise pensando all'accordo che aveva appena concluso con quell'uomo.
El precio de los perros se disparó debido a la repentina demanda.
Il prezzo dei cani è salito alle stelle a causa della domanda improvvisa.
Trescientos dólares no era injusto para una bestia tan bella.
Trecento dollari non erano ingiusti per una bestia così bella.
El gobierno canadiense no perdería nada con el acuerdo
Il governo canadese non perderebbe nulla dall'accordo
Además sus despachos oficiales tampoco sufrirían demoras en el tránsito.
Né i loro comunicati ufficiali avrebbero subito ritardi nel trasporto.
Perrault conocía bien a los perros y podía ver que Buck era algo raro.
Perrault conosceva bene i cani e capì che Buck era una rarità.
"Uno entre diez diez mil", pensó mientras estudiaba la complexión de Buck.
"Uno su dieci diecimila", pensò, mentre studiava la corporatura di Buck.
Buck vio que el dinero cambiaba de manos, pero no mostró sorpresa.
Buck vide il denaro cambiare di mano, ma non mostrò alcuna sorpresa.
Pronto él y Curly, un gentil Terranova, fueron llevados lejos.
Poco dopo lui e Curly, un gentile Terranova, furono portati via.
Siguieron al hombrecito desde el patio del suéter rojo.
Seguirono l'omino dal cortile della casa con il maglione rosso.
Esa fue la última vez que Buck vio al hombre con el garrote de madera.
Quella fu l'ultima volta che Buck vide l'uomo con la mazza di legno.
Desde la cubierta del Narwhal vio cómo Seattle se desvanecía en la distancia.
Dal ponte del Narwhal guardò Seattle svanire in lontananza.

También fue la última vez que vio las cálidas tierras del Sur.
Fu anche l'ultima volta che vide le calde terre del Sud.
Perrault los llevó bajo cubierta y los dejó con François.
Perrault li portò sottocoperta e li lasciò con François.
François era un gigante de cara negra y manos ásperas y callosas.
François era un gigante con la faccia nera e le mani ruvide e callose.
Era oscuro y moreno, un mestizo francocanadiense.
Era un uomo dalla carnagione scura e dalla carnagione scura, un meticcio franco-canadese.
Para Buck, estos hombres eran de un tipo que nunca había visto antes.
Per Buck, quegli uomini erano come non li aveva mai visti prima.
En los días venideros conocería a muchos hombres así.
Nei giorni a venire avrebbe avuto modo di conoscere molti di questi uomini.
No llegó a encariñarse con ellos, pero llegó a respetarlos.
Non cominciò ad affezionarsi a loro, ma finì per rispettarli.
Eran justos y sabios, y no se dejaban engañar fácilmente por ningún perro.
Erano giusti e saggi e non si lasciavano ingannare facilmente da nessun cane.
Juzgaban a los perros con calma y castigaban sólo cuando lo merecían.
Giudicavano i cani con calma e punivano solo quando meritavano.
En la cubierta inferior del Narwhal, Buck y Curly se encontraron con dos perros.
Sul ponte inferiore del Narwhal, Buck e Curly incontrarono due cani.
Uno de ellos era un gran perro blanco procedente de la lejana y gélida región de Spitzbergen.
Uno era un grosso cane bianco proveniente dalle lontane e gelide isole Spitzbergen.

Una vez navegó con un ballenero y se unió a un grupo de investigación.
In passato aveva navigato su una baleniera e si era unito a un gruppo di ricerca.
Era amigable de una manera astuta, deshonesta y tramposa.
Era amichevole, ma astuto, subdolo e subdolo.
En su primera comida, robó un trozo de carne de la sartén de Buck.
Al loro primo pasto, rubò un pezzo di carne dalla padella di Buck.
Buck saltó para castigarlo, pero el látigo de François golpeó primero.
Buck saltò per punirlo, ma la frusta di François colpì per prima.
El ladrón blanco gritó y Buck recuperó el hueso robado.
Il ladro bianco urlò e Buck reclamò l'osso rubato.
Esa imparcialidad impresionó a Buck y François se ganó su respeto.
Questa correttezza colpì Buck e François si guadagnò il suo rispetto.
El otro perro no saludó y no quiso recibir saludos a cambio.
L'altro cane non lo salutò e non volle nessuno in cambio.
No robaba comida ni olfateaba con interés a los recién llegados.
Non rubava il cibo, né annusava con interesse i nuovi arrivati.
Este perro era sombrío y silencioso, melancólico y de movimientos lentos.
Questo cane era cupo e silenzioso, cupo e lento nei movimenti.
Le advirtió a Curly que se mantuviera alejada simplemente mirándola fijamente.
Avvertì Curly di stargli lontano semplicemente lanciandole un'occhiata fulminante.
Su mensaje fue claro: déjenme en paz o habrá problemas.
Il suo messaggio era chiaro: lasciatemi in pace o saranno guai.
Se llamaba Dave y apenas se fijaba en su entorno.
Si chiamava Dave e non faceva quasi caso a ciò che lo circondava.

Dormía a menudo, comía tranquilamente y bostezaba de vez en cuando.
Dormiva spesso, mangiava tranquillamente e sbadigliava di tanto in tanto.

El barco zumbaba constantemente con la hélice golpeando debajo.
La nave ronzava costantemente con il rumore dell'elica sottostante.

Los días pasaron con pocos cambios, pero el clima se volvió más frío.
I giorni passarono senza grandi cambiamenti, ma il clima si fece più freddo.

Buck podía sentirlo en sus huesos y notó que los demás también lo sentían.
Buck se lo sentiva nelle ossa e notò che anche gli altri lo sentivano.

Entonces, una mañana, la hélice se detuvo y todo quedó en silencio.
Poi una mattina l'elica si fermò e tutto rimase immobile.

Una energía recorrió la nave; algo había cambiado.
Un'energia percorse la nave: qualcosa era cambiato.

François bajó, les puso las correas y los trajo arriba.
François scese, li mise al guinzaglio e li portò su.

Buck salió y encontró el suelo suave, blanco y frío.
Buck uscì e trovò il terreno morbido, bianco e freddo.

Saltó hacia atrás alarmado y resopló totalmente confundido.
Lui fece un balzo indietro allarmato e sbuffò in preda alla confusione più totale.

Una extraña sustancia blanca caía del cielo gris.
Una strana sostanza bianca cadeva dal cielo grigio.

Se sacudió, pero los copos blancos seguían cayendo sobre él.
Si scosse, ma i fiocchi bianchi continuavano a cadergli addosso.

Olió con cuidado la sustancia blanca y lamió algunos trocitos helados.

Annusò attentamente la sostanza bianca e ne leccò alcuni pezzetti ghiacciati.
El polvo ardió como fuego y luego desapareció de su lengua.
La polvere bruciò come il fuoco e poi svanì subito dalla sua lingua.
Buck lo intentó de nuevo, desconcertado por la extraña frialdad que desaparecía.
Buck ci riprovò, sconcertato dallo strano freddo che svaniva.
Los hombres que lo rodeaban se rieron y Buck se sintió avergonzado.
Gli uomini intorno a lui risero e Buck si sentì in imbarazzo.
No sabía por qué, pero le avergonzaba su reacción.
Non sapeva perché, ma si vergognava della sua reazione.
Fue su primera experiencia con la nieve y le confundió.
Era la sua prima esperienza con la neve e la cosa lo confuse.

La ley del garrote y el colmillo
La legge del bastone e della zanna

El primer día de Buck en la playa de Dyea se sintió como una terrible pesadilla.
Il primo giorno di Buck sulla spiaggia di Dyea è stato un terribile incubo.
Cada hora traía nuevas sorpresas y cambios inesperados para Buck.
Ogni ora portava con sé nuovi shock e cambiamenti inaspettati per Buck.
Lo habían sacado de la civilización y lo habían arrojado a un caos salvaje.
Era stato strappato alla civiltà e gettato nel caos più totale.
Aquella no era una vida soleada y tranquila, llena de aburrimiento y descanso.
Questa non era una vita soleggiata e pigra, fatta di noia e riposo.
No había paz, ni descanso, ni momento sin peligro.
Non c'era pace, né riposo, né momento senza pericolo.
La confusión lo dominaba todo y el peligro siempre estaba cerca.
La confusione regnava su tutto e il pericolo era sempre vicino.
Buck tuvo que mantenerse alerta porque estos hombres y perros eran diferentes.
Buck doveva stare attento perché quegli uomini e quei cani erano diversi.
No eran de pueblos; eran salvajes y sin piedad.
Non provenivano da città; erano selvaggi e spietati.
Estos hombres y perros sólo conocían la ley del garrote y el colmillo.
Questi uomini e questi cani conoscevano solo la legge del bastone e della zanna.
Buck nunca había visto perros pelear como estos salvajes huskies.
Buck non aveva mai visto dei cani combattere come questi feroci husky.

Su primera experiencia le enseñó una lección que nunca olvidaría.
La sua prima esperienza gli insegnò una lezione che non avrebbe mai dimenticato.
Tuvo suerte de que no fuera él, o habría muerto también.
Fu una fortuna che non fosse lui, altrimenti sarebbe morto anche lui.
Curly fue el que sufrió mientras Buck observaba y aprendía.
Curly era quello che soffriva, mentre Buck osservava e imparava.
Habían acampado cerca de una tienda construida con troncos.
Si erano accampati vicino a un deposito costruito con tronchi.
Curly intentó ser amigable con un husky grande, parecido a un lobo.
Curly cercò di essere amichevole con un grosso husky simile a un lupo.
El husky era más pequeño que Curly, pero parecía salvaje y malvado.
L'husky era più piccolo di Curly, ma aveva un aspetto selvaggio e cattivo.
Sin previo aviso, saltó y le abrió el rostro.
Senza preavviso, lui saltò su e le tagliò il viso.
Sus dientes la atravesaron desde el ojo hasta la mandíbula en un solo movimiento.
Con un solo movimento i suoi denti le tagliarono l'occhio fino alla mascella.
Así era como peleaban los lobos: golpeaban rápido y saltaban.
Ecco come combattevano i lupi: colpivano velocemente e saltavano via.
Pero había mucho más que aprender de ese único ataque.
Ma c'era molto di più da imparare da quell'unico attacco.
Decenas de huskies entraron corriendo y formaron un círculo silencioso.
Decine di husky si precipitarono dentro e formarono un cerchio silenzioso.

Observaron atentamente y se lamieron los labios con hambre.
Osservavano attentamente e si leccavano le labbra per la fame.
Buck no entendió su silencio ni sus miradas ansiosas.
Buck non capiva il loro silenzio né i loro occhi ansiosi.
Curly se apresuró a atacar al husky por segunda vez.
Curly si lanciò ad attaccare l'husky una seconda volta.
Él usó su pecho para derribarla con un movimiento fuerte.
Usò il suo petto per buttarla a terra con un movimento violento.
Ella cayó de lado y no pudo levantarse más.
Cadde su un fianco e non riuscì più a rialzarsi.
Eso era lo que los demás habían estado esperando todo el tiempo.
Era proprio quello che gli altri aspettavano da tempo.
Los perros esquimales saltaron sobre ella, aullando y gruñendo frenéticamente.
Gli husky le saltarono addosso, guaindo e ringhiando freneticamente.
Ella gritó cuando la enterraron bajo una pila de perros.
Lei urlò mentre la seppellivano sotto una pila di cani.
El ataque fue tan rápido que Buck se quedó paralizado por la sorpresa.
L'attacco fu così rapido che Buck rimase immobile per lo shock.
Vio a Spitz sacar la lengua de una manera que parecía una risa.
Vide Spitz tirare fuori la lingua in un modo che sembrava una risata.
François cogió un hacha y corrió directamente hacia el grupo de perros.
François afferrò un'ascia e corse dritto verso il gruppo di cani.
Otros tres hombres usaron palos para ayudar a ahuyentar a los perros esquimales.
Altri tre uomini hanno usato dei manganelli per allontanare gli husky.

En sólo dos minutos, la pelea terminó y los perros desaparecieron.
In soli due minuti la lotta finì e i cani se ne andarono.
Curly yacía muerta en la nieve roja y pisoteada, con su cuerpo destrozado.
Curly giaceva morta nella neve rossa calpestata, con il corpo fatto a pezzi.
Un hombre de piel oscura estaba de pie sobre ella, maldiciendo la brutal escena.
Un uomo dalla pelle scura era in piedi davanti a lei, maledicendo la scena brutale.
El recuerdo permaneció con Buck y atormentó sus sueños por la noche.
Il ricordo rimase con Buck e ossessionò i suoi sogni notturni.
Así era aquí: sin justicia, sin segundas oportunidades.
Ecco come funzionava: niente equità, niente seconda possibilità.
Una vez que un perro caía, los demás lo mataban sin piedad.
Una volta caduto un cane, gli altri lo uccidevano senza pietà.
Buck decidió entonces que nunca se permitiría caer.
Buck decise allora che non si sarebbe mai lasciato cadere.
Spitz volvió a sacar la lengua y se rió de la sangre.
Spitz tirò fuori di nuovo la lingua e rise guardando il sangue.
Desde ese momento, Buck odió a Spitz con todo su corazón.
Da quel momento in poi, Buck odiò Spitz con tutto il cuore.

Antes de que Buck pudiera recuperarse de la muerte de Curly, sucedió algo nuevo.
Prima che Buck potesse riprendersi dalla morte di Curly, accadde qualcosa di nuovo.
François se acercó y ató algo alrededor del cuerpo de Buck.
François si avvicinò e legò qualcosa attorno al corpo di Buck.
Era un arnés como los que usaban los caballos en el rancho.
Era un'imbracatura simile a quelle usate per i cavalli al ranch.
Así como Buck había visto trabajar a los caballos, ahora él también estaba obligado a trabajar.

Così come Buck aveva visto lavorare i cavalli, ora era costretto a lavorare anche lui.
Tuvo que arrastrar a François en un trineo hasta el bosque cercano.
Dovette trascinare François su una slitta nella foresta vicina.
Después tuvo que arrastrar una carga de leña pesada.
Poi dovette trascinare indietro un pesante carico di legna da ardere.
Buck era orgulloso, por eso le dolía que lo trataran como a un animal de trabajo.
Buck era orgoglioso e gli faceva male essere trattato come un animale da lavoro.
Pero él era sabio y no intentó luchar contra la nueva situación.
Ma era saggio e non cercò di combattere la nuova situazione.
Aceptó su nueva vida y dio lo mejor de sí en cada tarea.
Accettò la sua nuova vita e diede il massimo in ogni compito.
Todo en la obra le resultaba extraño y desconocido.
Tutto di quel lavoro gli risultava strano e sconosciuto.
Francisco era estricto y exigía obediencia sin demora.
François era severo e pretendeva obbedienza senza indugio.
Su látigo garantizaba que cada orden fuera seguida al instante.
La sua frusta garantiva che ogni comando venisse eseguito immediatamente.
Dave era el que conducía el trineo, el perro que estaba más cerca de él, detrás de Buck.
Dave era il timoniere, il cane più vicino alla slitta dietro Buck.
Dave mordió a Buck en las patas traseras si cometía un error.
Se commetteva un errore, Dave mordeva Buck sulle zampe posteriori.
Spitz era el perro líder, hábil y experimentado en su función.
Spitz era il cane guida, abile ed esperto nel ruolo.
Spitz no pudo alcanzar a Buck fácilmente, pero aún así lo corrigió.
Spitz non riusciva a raggiungere Buck facilmente, ma lo corresse comunque.

Gruñó con dureza o tiró del trineo de maneras que le enseñaron a Buck.
Ringhiava aspramente o tirava la slitta in modi che insegnavano a Buck.
Con este entrenamiento, Buck aprendió más rápido de lo que cualquiera de ellos esperaba.
Grazie a questo addestramento, Buck imparò più velocemente di quanto tutti si aspettassero.
Trabajó duro y aprendió tanto de François como de los otros perros.
Lavorò duramente e imparò sia da François che dagli altri cani.
Cuando regresaron, Buck ya conocía los comandos clave.
Quando tornarono, Buck conosceva già i comandi chiave.
Aprendió a detenerse al oír la palabra "ho" gracias a François.
Imparò a fermarsi al suono della parola "oh" di François.
Aprendió cuando tenía que tirar del trineo y correr.
Imparò quando era il momento di tirare la slitta e correre.
Aprendió a girar abiertamente en las curvas del camino sin problemas.
Imparò a svoltare senza problemi nelle curve del sentiero.
También aprendió a evitar a Dave cuando el trineo descendía rápidamente.
Imparò anche a evitare Dave quando la slitta scendeva velocemente.
"Son perros muy buenos", le dijo orgulloso François a Perrault.
"Sono cani molto buoni", disse orgoglioso François a Perrault.
"Ese Buck tira como un demonio. Le enseño rapidísimo".
"Quel Buck tira come un dannato, glielo insegno subito."

Más tarde ese día, Perrault regresó con dos perros husky más.
Più tardi quel giorno, Perrault tornò con altri due husky.
Se llamaban Billee y Joe y eran hermanos.
Si chiamavano Billee e Joe ed erano fratelli.

Venían de la misma madre, pero no se parecían en nada.
Provenivano dalla stessa madre, ma non erano affatto simili.
Billee era de carácter dulce y muy amigable con todos.
Billee era un tipo dolce e molto amichevole con tutti.
Joe era todo lo contrario: tranquilo, enojado y siempre gruñendo.
Joe era l'opposto: silenzioso, arrabbiato e sempre ringhiante.
Buck los saludó de manera amigable y se mostró tranquilo con ambos.
Buck li salutò amichevolmente e si mantenne calmo con entrambi.
Dave no les prestó atención y permaneció en silencio como siempre.
Dave non prestò loro attenzione e rimase in silenzio come al solito.
Spitz atacó primero a Billee, luego a Joe, para demostrar su dominio.
Spitz attaccò prima Billee, poi Joe, per dimostrare la sua superiorità.
Billee movió la cola y trató de ser amigable con Spitz.
Billee scodinzolava e cercava di essere amichevole con Spitz.
Cuando eso no funcionó, intentó huir.
Quando questo non funzionò, cercò di scappare.
Lloró tristemente cuando Spitz lo mordió fuerte en el costado.
Pianse tristemente quando Spitz lo morse forte sul fianco.
Pero Joe era muy diferente y se negaba a dejarse intimidar.
Ma Joe era molto diverso e si rifiutava di farsi prendere in giro.
Cada vez que Spitz se acercaba, Joe giraba rápidamente para enfrentarlo.
Ogni volta che Spitz si avvicinava, Joe si girava velocemente per affrontarlo.
Su pelaje se erizó, sus labios se curvaron y sus dientes chasquearon salvajemente.
La sua pelliccia si drizzò, le sue labbra si arricciarono e i suoi denti schioccarono selvaggiamente.

Los ojos de Joe brillaron de miedo y rabia, desafiando a Spitz a atacar.
Gli occhi di Joe brillavano di paura e rabbia, sfidando Spitz a colpire.
Spitz abandonó la lucha y se alejó, humillado y enojado.
Spitz abbandonò la lotta e si voltò, umiliato e arrabbiato.
Descargó su frustración en el pobre Billee y lo ahuyentó.
Sfogò la sua frustrazione sul povero Billee e lo cacciò via.
Esa noche, Perrault añadió un perro más al equipo.
Quella sera Perrault aggiunse un altro cane alla squadra.
Este perro era viejo, delgado y cubierto de cicatrices de batalla.
Questo cane era vecchio, magro e coperto di cicatrici di battaglia.
Le faltaba un ojo, pero el otro brillaba con poder.
Gli mancava un occhio, ma l'altro brillava di potere.
El nombre del nuevo perro era Solleks, que significaba "el enojado".
Il nome del nuovo cane era Solleks, che significa "l'Arrabbiato".
Al igual que Dave, Solleks no pidió nada a los demás y no dio nada a cambio.
Come Dave, Solleks non chiedeva nulla agli altri e non dava nulla in cambio.
Cuando Solleks entró lentamente al campamento, incluso Spitz se mantuvo alejado.
Quando Solleks entrò lentamente nell'accampamento, persino Spitz rimase lontano.
Tenía un hábito extraño que Buck tuvo la mala suerte de descubrir.
Aveva una strana abitudine che Buck ebbe la sfortuna di scoprire.
A Solleks le disgustaba que se acercaran a él por el lado donde estaba ciego.
Solleks detestava essere avvicinato dal lato in cui era cieco.
Buck no sabía esto y cometió ese error por accidente.
Buck non lo sapeva e commise quell'errore per sbaglio.

Solleks se dio la vuelta y cortó el hombro de Buck profunda y rápidamente.
Solleks si voltò di scatto e colpì la spalla di Buck in modo profondo e rapido.
A partir de ese momento, Buck nunca se acercó al lado ciego de Solleks.
Da quel momento in poi, Buck non si avvicinò mai più al lato cieco di Solleks.
Nunca volvieron a tener problemas durante el resto del tiempo que estuvieron juntos.
Non ebbero mai più problemi per il resto del tempo che trascorsero insieme.
Solleks sólo quería que lo dejaran solo, como el tranquilo Dave.
Solleks voleva solo essere lasciato solo, come il tranquillo Dave.
Pero Buck se enteraría más tarde de que cada uno tenía otro objetivo secreto.
Ma Buck avrebbe scoperto in seguito che ognuno di loro aveva un altro obiettivo segreto.
Esa noche, Buck se enfrentó a un nuevo y preocupante desafío: cómo dormir.
Quella notte Buck si trovò ad affrontare una nuova e preoccupante sfida: come dormire.
La tienda brillaba cálidamente con la luz de las velas en el campo nevado.
La tenda era illuminata caldamente dalla luce delle candele nel campo innevato.
Buck entró, pensando que podría descansar allí como antes.
Buck entrò, pensando che lì avrebbe potuto riposare come prima.
Pero Perrault y François le gritaron y le lanzaron sartenes.
Ma Perrault e François gli urlarono contro e gli tirarono delle padelle.
Sorprendido y confundido, Buck corrió hacia el frío helado.
Sconvolto e confuso, Buck corse fuori nel freddo gelido.

Un viento amargo le azotó el hombro herido y le congeló las patas.
Un vento gelido gli pungeva la spalla ferita e gli congelava le zampe.
Se tumbó en la nieve y trató de dormir al aire libre.
Si sdraiò sulla neve e cercò di dormire all'aperto.
Pero el frío pronto le obligó a levantarse de nuevo, temblando mucho.
Ma il freddo lo costrinse presto a rialzarsi, tremando forte.
Deambuló por el campamento intentando encontrar un lugar más cálido.
Vagò per l'accampamento, cercando di trovare un posto più caldo.
Pero cada rincón estaba tan frío como el anterior.
Ma ogni angolo era freddo come quello precedente.
A veces, perros salvajes saltaban sobre él desde la oscuridad.
A volte dei cani feroci gli saltavano addosso dall'oscurità.
Buck erizó su pelaje, mostró los dientes y gruñó en señal de advertencia.
Buck drizzò il pelo, scoprì i denti e ringhiò in tono ammonitore.
Estaba aprendiendo rápido y los otros perros se alejaban rápidamente.
Lui stava imparando in fretta e gli altri cani si sono subito tirati indietro.
Aún así, no tenía dónde dormir ni idea de qué hacer.
Tuttavia, non aveva un posto dove dormire e non aveva idea di cosa fare.
Por fin se le ocurrió una idea: ver cómo estaban sus compañeros de equipo.
Alla fine gli venne in mente un pensiero: andare a dare un'occhiata ai suoi compagni di squadra.
Regresó a su zona y se sorprendió al descubrir que habían desaparecido.
Ritornò nella loro zona e rimase sorpreso nel constatare che non c'erano più.

Nuevamente buscó por todo el campamento, pero todavía no pudo encontrarlos.
Cercò di nuovo nell'accampamento, ma ancora non riuscì a trovarli.
Sabía que ellos no podían estar en la tienda, o él también lo estaría.
Sapeva che loro non potevano stare nella tenda, altrimenti ci sarebbe stato anche lui.
Entonces ¿a dónde se habían ido todos los perros en este campamento helado?
E allora, dove erano finiti tutti i cani in quell'accampamento ghiacciato?
Buck, frío y miserable, caminó lentamente alrededor de la tienda.
Buck, infreddolito e infelice, girò lentamente intorno alla tenda.
De repente, sus patas delanteras se hundieron en la nieve blanda y lo sobresaltó.
All'improvviso, le sue zampe anteriori sprofondarono nella neve soffice e lo spaventarono.
Algo se movió bajo sus pies y saltó hacia atrás asustado.
Qualcosa si mosse sotto i suoi piedi e lui fece un salto indietro per la paura.
Gruñó y rugió sin saber qué había debajo de la nieve.
Ringhiava e ringhiava, non sapendo cosa si nascondesse sotto la neve.
Entonces oyó un ladrido amistoso que alivió su miedo.
Poi udì un piccolo abbaio amichevole che placò la sua paura.
Olfateó el aire y se acercó para ver qué estaba oculto.
Annusò l'aria e si avvicinò per vedere cosa fosse nascosto.
Bajo la nieve, acurrucada en una bola cálida, estaba la pequeña Billee.
Sotto la neve, rannicchiata in una calda palla, c'era la piccola Billee.
Billee movió la cola y lamió la cara de Buck para saludarlo.
Billee scodinzolò e leccò il muso di Buck per salutarlo.

Buck vio cómo Billee había hecho un lugar para dormir en la nieve.
Buck vide come Billee si era costruito un posto per dormire nella neve.
Había cavado y usado su propio calor para mantenerse caliente.
Aveva scavato e sfruttato il suo calore per scaldarsi.
Buck había aprendido otra lección: así era como dormían los perros.
Buck aveva imparato un'altra lezione: ecco come dormivano i cani.
Eligió un lugar y comenzó a cavar su propio hoyo en la nieve.
Scelse un posto e cominciò a scavare la sua buca nella neve.
Al principio, se movía demasiado y desperdiciaba energía.
All'inizio si muoveva troppo e sprecava energie.
Pero pronto su cuerpo calentó el espacio y se sintió seguro.
Ma ben presto il suo corpo riscaldò lo spazio e si sentì al sicuro.
Se acurrucó fuertemente y al poco tiempo estaba profundamente dormido.
Si rannicchiò forte e poco dopo si addormentò profondamente.
El día había sido largo y duro, y Buck estaba exhausto.
La giornata era stata lunga e dura e Buck era esausto.
Durmió profundamente y cómodamente, aunque sus sueños fueron salvajes.
Dormì profondamente e comodamente, anche se fece sogni selvaggi.
Gruñó y ladró mientras dormía, retorciéndose mientras soñaba.
Ringhiava e abbaiava nel sonno, contorcendosi mentre sognava.

Buck no se despertó hasta que el campamento ya estaba cobrando vida.
Buck non si svegliò finché l'accampamento non cominciò a prendere vita.

Al principio, no sabía dónde estaba ni qué había sucedido.
All'inizio non sapeva dove si trovasse o cosa fosse successo.
Había nevado durante la noche y había enterrado completamente su cuerpo.
La neve era caduta durante la notte e aveva seppellito completamente il suo corpo.
La nieve lo apretaba por todos lados.
La neve lo circondava, fitta su tutti i lati.
De repente, una ola de miedo recorrió todo el cuerpo de Buck.
All'improvviso un'ondata di paura percorse tutto il corpo di Buck.
Era el miedo a quedar atrapado, un miedo que provenía de instintos profundos.
Era la paura di rimanere intrappolati, una paura che proveniva da istinti profondi.
Aunque nunca había visto una trampa, el miedo vivía dentro de él.
Sebbene non avesse mai visto una trappola, la paura era viva dentro di lui.
Era un perro domesticado, pero ahora sus viejos instintos salvajes estaban despertando.
Era un cane addomesticato, ma ora i suoi vecchi istinti selvaggi si stavano risvegliando.
Los músculos de Buck se tensaron y se le erizó el pelaje por toda la espalda.
I muscoli di Buck si irrigidirono e il pelo gli si rizzò su tutta la schiena.
Gruñó ferozmente y saltó hacia arriba a través de la nieve.
Ringhiò furiosamente e balzò in piedi nella neve.
La nieve voló en todas direcciones cuando estalló la luz del día.
La neve volava in ogni direzione mentre lui irrompeva nella luce del giorno.
Incluso antes de aterrizar, Buck vio el campamento extendido ante él.

Ancora prima di atterrare, Buck vide l'accampamento disteso davanti a lui.
Recordó todo del día anterior, de repente.
Ricordò tutto del giorno prima, tutto in una volta.
Recordó pasear con Manuel y terminar en ese lugar.
Ricordava di aver passeggiato con Manuel e di essere finito in quel posto.
Recordó haber cavado el hoyo y haberse quedado dormido en el frío.
Ricordava di aver scavato la buca e di essersi addormentato al freddo.
Ahora estaba despierto y el mundo salvaje que lo rodeaba estaba claro.
Ora era sveglio e il mondo selvaggio intorno a lui era limpido.
Un grito de François saludó la repentina aparición de Buck.
Un grido di François annunciò l'improvvisa apparizione di Buck.
—¿Qué te dije? —gritó en voz alta el conductor del perro a Perrault.
"Cosa ho detto?" gridò a gran voce il conducente del cane a Perrault.
"Ese Buck sin duda aprende muy rápido", añadió François.
"Quel Buck impara sicuramente in fretta", ha aggiunto François.
Perrault asintió gravemente, claramente satisfecho con el resultado.
Perrault annuì gravemente, visibilmente soddisfatto del risultato.
Como mensajero del gobierno canadiense, transportaba despachos.
In qualità di corriere del governo canadese, trasportava dispacci.
Estaba ansioso por encontrar los mejores perros para su importante misión.
Era ansioso di trovare i cani migliori per la sua importante missione.

Se sintió especialmente complacido ahora que Buck era parte del equipo.
Ora si sentiva particolarmente contento che Buck facesse parte della squadra.
Se agregaron tres huskies más al equipo en una hora.
Nel giro di un'ora, alla squadra furono aggiunti altri tre husky.
Eso elevó el número total de perros en el equipo a nueve.
Ciò ha portato il numero totale dei cani della squadra a nove.
En quince minutos todos los perros estaban en sus arneses.
Nel giro di quindici minuti tutti i cani erano imbracati.
El equipo de trineos avanzaba por el sendero hacia Dyea Cañón.
La squadra di slitte stava risalendo il sentiero verso Dyea Cañon.
Buck se sintió contento de partir, incluso si el trabajo que tenía por delante era duro.
Buck era contento di andarsene, anche se il lavoro che lo attendeva era duro.
Descubrió que no despreciaba especialmente el trabajo ni el frío.
Scoprì di non disprezzare particolarmente né il lavoro né il freddo.
Le sorprendió el entusiasmo que llenaba a todo el equipo.
Fu sorpreso dall'entusiasmo che pervadeva tutta la squadra.
Aún más sorprendente fue el cambio que se produjo en Dave y Solleks.
Ancora più sorprendente fu il cambiamento avvenuto in Dave e Solleks.
Estos dos perros eran completamente diferentes cuando estaban enjaezados.
Questi due cani erano completamente diversi quando venivano imbrigliati.
Su pasividad y falta de preocupación habían desaparecido por completo.
La loro passività e la loro disattenzione erano completamente scomparse.

Estaban alertas y activos, y ansiosos por hacer bien su trabajo.
Erano attenti e attivi, desiderosi di svolgere bene il loro lavoro.
Se irritaban ferozmente ante cualquier cosa que causara retraso o confusión.
Si irritavano ferocemente per qualsiasi cosa provocasse ritardi o confusione.
El duro trabajo en las riendas era el centro de todo su ser.
Il duro lavoro sulle redini era il centro del loro intero essere.
Tirar del trineo parecía ser lo único que realmente disfrutaban.
Sembrava che l'unica cosa che gli piacesse davvero fosse tirare la slitta.
Dave estaba en la parte de atrás del grupo, más cerca del trineo.
Dave era in fondo al gruppo, il più vicino alla slitta.
Buck fue colocado delante de Dave, y Solleks se adelantó a Buck.
Buck fu messo davanti a Dave e Solleks superò Buck.
El resto de los perros estaban dispersos adelante, en una sola fila.
Il resto dei cani era disposto in fila indiana davanti a loro.
La posición de cabeza en la parte delantera quedó ocupada por Spitz.
La posizione di testa in prima linea era occupata da Spitz.
Buck había sido colocado entre Dave y Solleks para recibir instrucción.
Buck era stato messo tra Dave e Solleks per essere istruito.
Él aprendía rápido y sus profesores eran firmes y capaces.
Lui imparava in fretta e gli insegnanti erano risoluti e capaci.
Nunca permitieron que Buck permaneciera en el error por mucho tiempo.
Non permisero mai a Buck di restare a lungo nell'errore.
Enseñaron sus lecciones con dientes afilados cuando era necesario.
Quando necessario, impartivano le lezioni con denti affilati.

Dave era justo y mostraba un tipo de sabiduría tranquila y seria.
Dave era giusto e dimostrava una saggezza pacata e seria.
Él nunca mordió a Buck sin una buena razón para hacerlo.
Non mordeva mai Buck senza una buona ragione.
Pero nunca dejó de morder cuando Buck necesitaba corrección.
Ma non mancava mai di mordere quando Buck aveva bisogno di essere corretto.
El látigo de Francisco estaba siempre listo y respaldaba su autoridad.
La frusta di François era sempre pronta e sosteneva la loro autorità.
Buck pronto descubrió que era mejor obedecer que defenderse.
Buck scoprì presto che era meglio obbedire che reagire.
Una vez, durante un breve descanso, Buck se enredó en las riendas.
Una volta, durante un breve riposo, Buck rimase impigliato nelle redini.
Retrasó el inicio y confundió los movimientos del equipo.
Ritardò la partenza e confuse i movimenti della squadra.
Dave y Solleks se abalanzaron sobre él y le dieron una paliza brutal.
Dave e Solleks si avventarono su di lui e lo picchiarono duramente.
El enredo sólo empeoró, pero Buck aprendió bien la lección.
La situazione peggiorò ulteriormente, ma Buck imparò bene la lezione.
A partir de entonces, mantuvo las riendas tensas y trabajó con cuidado.
Da quel momento in poi tenne le redini tese e lavorò con attenzione.
Antes de que terminara el día, Buck había dominado gran parte de su tarea.
Prima che la giornata finisse, Buck aveva portato a termine gran parte del suo compito.

Sus compañeros casi dejaron de corregirlo y morderlo.
I suoi compagni di squadra quasi smisero di correggerlo o di morderlo.
El látigo de François resonaba cada vez con menos frecuencia en el aire.
La frusta di François schioccava nell'aria sempre meno spesso.
Perrault incluso levantó los pies de Buck y examinó cuidadosamente cada pata.
Perrault sollevò addirittura i piedi di Buck ed esaminò attentamente ogni zampa.
Había sido un día de carrera duro, largo y agotador para todos ellos.
Era stata una giornata di corsa dura, lunga ed estenuante per tutti loro.
Viajaron por el Cañón, atravesando Sheep Camp y pasando por Scales.
Risalirono il Cañón, attraversarono Sheep Camp e superarono le Scales.
Cruzaron la línea de árboles, luego glaciares y bancos de nieve de muchos metros de profundidad.
Superarono il limite della vegetazione arborea, poi ghiacciai e cumuli di neve alti diversi metri.
Escalaron la gran, fría y prohibitiva divisoria de Chilkoot.
Scalarono il grande e freddo Chilkoot Divide.
Esa alta cresta se encontraba entre el agua salada y el interior helado.
Quella cresta elevata si ergeva tra l'acqua salata e l'interno ghiacciato.
Las montañas custodiaban con hielo y empinadas subidas el triste y solitario Norte.
Le montagne custodivano il triste e solitario Nord con ghiaccio e ripide salite.
Avanzaron a buen ritmo por una larga cadena de lagos debajo de la divisoria.
Scesero rapidamente lungo una lunga catena di laghi sotto la dorsale.

Esos lagos llenaban los antiguos cráteres de volcanes extintos.
Questi laghi riempivano gli antichi crateri di vulcani spenti.
Tarde esa noche, llegaron a un gran campamento en el lago Bennett.
Quella notte tardi raggiunsero un grande accampamento presso il lago Bennett.
Miles de buscadores de oro estaban allí, construyendo barcos para la primavera.
Migliaia di cercatori d'oro erano lì, intenti a costruire barche per la primavera.
El hielo se rompería pronto y tenían que estar preparados.
Il ghiaccio si sarebbe presto rotto e dovevano essere pronti.
Buck cavó su hoyo en la nieve y cayó en un sueño profundo.
Buck scavò la sua buca nella neve e cadde in un sonno profondo.
Durmió como un trabajador, exhausto por la dura jornada de trabajo.
Dormiva come un lavoratore, esausto dopo una dura giornata di lavoro.
Pero demasiado pronto, en la oscuridad, fue sacado del sueño.
Ma venne strappato al sonno troppo presto, nell'oscurità.
Fue enganchado nuevamente con sus compañeros y sujeto al trineo.
Fu nuovamente imbrigliato insieme ai suoi compagni e attaccato alla slitta.
Aquel día hicieron cuarenta millas, porque la nieve estaba muy pisoteada.
Quel giorno percorsero quaranta miglia, perché la neve era ben calpestata.
Al día siguiente, y durante muchos días más, la nieve estaba blanda.
Il giorno dopo, e per molti giorni a seguire, la neve era soffice.
Tuvieron que hacer el camino ellos mismos, trabajando más duro y moviéndose más lento.

Dovettero farsi strada da soli, lavorando di più e muovendosi più lentamente.
Por lo general, Perrault caminaba delante del equipo con raquetas de nieve palmeadas.
Di solito, Perrault camminava davanti alla squadra con le ciaspole palmate.
Sus pasos compactaron la nieve, facilitando el movimiento del trineo.
I suoi passi compattavano la neve, facilitando lo spostamento della slitta.
François, que dirigía el barco desde la dirección, a veces tomaba el relevo.
François, che era al timone della barca a vela, a volte prendeva il comando.
Pero era raro que François tomara la iniciativa.
Ma era raro che François prendesse l'iniziativa
porque Perrault tenía prisa por entregar las cartas y los paquetes.
perché Perrault aveva fretta di consegnare le lettere e i pacchi.
Perrault estaba orgulloso de su conocimiento de la nieve, y especialmente del hielo.
Perrault era orgoglioso della sua conoscenza della neve, e in particolare del ghiaccio.
Ese conocimiento era esencial porque el hielo en otoño era peligrosamente delgado.
Questa conoscenza era essenziale perché il ghiaccio autunnale era pericolosamente sottile.
Allí donde el agua fluía rápidamente bajo la superficie, no había hielo en absoluto.
Dove l'acqua scorreva rapidamente sotto la superficie non c'era affatto ghiaccio.

Día tras día, la misma rutina se repetía sin fin.
Giorno dopo giorno, la stessa routine si ripeteva senza fine.
Buck trabajó incansablemente en las riendas desde el amanecer hasta la noche.
Buck lavorava senza sosta con le redini, dall'alba alla sera.

Abandonaron el campamento en la oscuridad, mucho antes de que saliera el sol.
Lasciarono l'accampamento al buio, molto prima che sorgesse il sole.
Cuando amaneció, ya habían recorrido muchos kilómetros.
Quando spuntò l'alba, avevano già percorso molti chilometri.
Acamparon después del anochecer, comieron pescado y excavaron en la nieve.
Si accamparono dopo il tramonto, mangiando pesce e scavando buche nella neve.
Buck siempre tenía hambre y nunca estaba realmente satisfecho con su ración.
Buck era sempre affamato e non era mai veramente soddisfatto della sua razione.
Recibía una libra y media de salmón seco cada día.
Riceveva ogni giorno mezzo chilo di salmone essiccato.
Pero la comida parecía desaparecer dentro de él, dejando atrás el hambre.
Ma il cibo sembrò svanire dentro di lui, lasciandogli solo la fame.
Sufría constantes dolores de hambre y soñaba con más comida.
Soffriva di continui morsi della fame e sognava di avere più cibo.
Los otros perros sólo ganaron una libra, pero se mantuvieron fuertes.
Gli altri cani hanno ricevuto solo mezzo chilo di cibo, ma sono rimasti forti.
Eran más pequeños y habían nacido en la vida del norte.
Erano più piccoli ed erano nati in una società nordica.
Perdió rápidamente la meticulosidad que había caracterizado su antigua vida.
Perse rapidamente la pignoleria che aveva caratterizzato la sua vecchia vita.
Había sido un comensal delicado, pero ahora eso ya no era posible.

Fino a quel momento era stato un mangiatore prelibato, ma ora non gli era più possibile.

Sus compañeros terminaron primero y le robaron su ración sobrante.

I suoi compagni arrivarono primi e gli rubarono la razione rimasta.

Una vez que empezaron, no había forma de defender su comida de ellos.

Una volta cominciati, non c'era più modo di difendere il cibo da loro.

Mientras él luchaba contra dos o tres perros, los otros le robaron el resto.

Mentre lui lottava contro due o tre cani, gli altri rubarono il resto.

Para solucionar esto, comenzó a comer tan rápido como los demás.

Per risolvere il problema, cominciò a mangiare velocemente come mangiavano gli altri.

El hambre lo empujó tan fuerte que incluso tomó comida que no era suya.

La fame lo spingeva così forte che arrivò persino a prendere del cibo non suo.

Observó a los demás y aprendió rápidamente de sus acciones.

Osservò gli altri e imparò rapidamente dalle loro azioni.

Vio a Pike, un perro nuevo, robarle una rebanada de tocino a Perrault.

Vide Pike, un nuovo cane, rubare una fetta di pancetta a Perrault.

Pike había esperado hasta que Perrault se dio la espalda para robarle el tocino.

Pike aveva aspettato che Perrault gli voltasse le spalle per rubare la pagnotta.

Al día siguiente, Buck copió a Pike y robó todo el trozo.

Il giorno dopo, Buck copiò Pike e rubò l'intero pezzo.

Se produjo un gran alboroto, pero no se sospechó de Buck.

Seguì un gran tumulto, ma Buck non fu sospettato.

Dub, un perro torpe que siempre era atrapado, fue castigado.
Al suo posto venne punito Dub, un cane goffo che veniva sempre beccato.
Ese primer robo marcó a Buck como un perro apto para sobrevivir en el Norte.
Quel primo furto fece di Buck un cane adatto a sopravvivere al Nord.
Demostró que podía adaptarse a nuevas condiciones y aprender rápidamente.
Ha dimostrato di sapersi adattare alle nuove condizioni e di saper imparare rapidamente.
Sin esa adaptabilidad, habría muerto rápida y gravemente.
Senza tale adattabilità, sarebbe morto rapidamente e gravemente.
También marcó el colapso de su naturaleza moral y de sus valores pasados.
Segnò anche il crollo della sua natura morale e dei suoi valori passati.
En el Sur, había vivido bajo la ley del amor y la bondad.
Nel Southland aveva vissuto secondo la legge dell'amore e della gentilezza.
Allí tenía sentido respetar la propiedad y los sentimientos de los otros perros.
Lì aveva senso rispettare la proprietà e i sentimenti degli altri cani.
Pero en el Norte se aplicaba la ley del garrote y la ley del colmillo.
Ma i Northland seguivano la legge del bastone e la legge della zanna.
Quienquiera que respetara los viejos valores aquí sería un tonto y fracasaría.
Chiunque rispettasse i vecchi valori era uno sciocco e avrebbe fallito.
Buck no razonó todo esto en su mente.
Buck non rifletté su tutto questo nella sua mente.
Estaba en forma y se adaptó sin necesidad de pensar.
Era in forma e quindi si adattò senza pensarci due volte.

Durante toda su vida, nunca había huido de una pelea.
In tutta la sua vita non era mai fuggito da una rissa.
Pero el garrote de madera del hombre del suéter rojo cambió esa regla.
Ma la mazza di legno dell'uomo con il maglione rosso cambiò la regola.
Ahora seguía un código más profundo y antiguo escrito en su ser.
Ora seguiva un codice più profondo e antico, inscritto nel suo essere.
No robó por placer sino por el dolor del hambre.
Non rubava per piacere, ma per il dolore della fame.
Él nunca robaba abiertamente, sino que hurtaba con astucia y cuidado.
Non rubava mai apertamente, ma rubava con astuzia e attenzione.
Actuó por respeto al garrote de madera y por miedo al colmillo.
Agì per rispetto verso la clava di legno e per paura delle zanne.
En resumen, hizo lo que era más fácil y seguro que no hacerlo.
In breve, ha fatto ciò che era più facile e sicuro che non farlo.
Su desarrollo —o quizás su regreso a los viejos instintos— fue rápido.
Il suo sviluppo, o forse il suo ritorno ai vecchi istinti, fu rapido.
Sus músculos se endurecieron hasta sentirse tan fuertes como el hierro.
I suoi muscoli si indurirono fino a diventare forti come il ferro.
Ya no le importaba el dolor, a menos que fuera grave.
Non gli importava più del dolore, a meno che non fosse grave.
Se volvió eficiente por dentro y por fuera, sin desperdiciar nada.
Divenne efficiente dentro e fuori, senza sprecare nulla.
Podía comer cosas viles, podridas o difíciles de digerir.
Poteva mangiare cose disgustose, marce o difficili da digerire.

Todo lo que comía, su estómago aprovechaba hasta el último vestigio de valor.
Qualunque cosa mangiasse, il suo stomaco ne sfruttava ogni singolo pezzetto di valore.
Su sangre transportaba los nutrientes a través de su poderoso cuerpo.
Il suo sangue trasportava i nutrienti in tutto il suo potente corpo.
Esto creó tejidos fuertes que le dieron una resistencia increíble.
Ciò gli ha permesso di sviluppare tessuti forti che gli hanno conferito un'incredibile resistenza.
Su vista y su olfato se volvieron mucho más sensibles que antes.
La sua vista e il suo olfatto diventarono molto più sensibili di prima.
Su audición se agudizó tanto que podía detectar sonidos débiles durante el sueño.
Il suo udito diventò così acuto che riusciva a percepire anche i suoni più deboli durante il sonno.
Sabía en sueños si los sonidos significaban seguridad o peligro.
Nei sogni sapeva se quei suoni significavano sicurezza o pericolo.
Aprendió a morder el hielo entre los dedos de los pies con los dientes.
Imparò a mordere con i denti il ghiaccio tra le dita dei piedi.
Si un charco de agua se congelaba, rompía el hielo con las piernas.
Se una pozza d'acqua si ghiacciava, lui rompeva il ghiaccio con le gambe.
Se encabritó y golpeó con fuerza el hielo con sus rígidas patas delanteras.
Si impennò e colpì duramente il ghiaccio con gli arti anteriori rigidi.
Su habilidad más sorprendente era predecir los cambios del viento durante la noche.

La sua abilità più sorprendente era quella di prevedere i cambiamenti del vento durante la notte.
Incluso cuando el aire estaba quieto, elegía lugares protegidos del viento.
Anche quando l'aria era immobile, sceglieva luoghi riparati dal vento.
Dondequiera que cavaba su nido, el viento del día siguiente lo pasaba de largo.
Ovunque scavasse il nido, il vento del giorno dopo lo superava.
Siempre acababa abrigado y protegido, a sotavento de la brisa.
Alla fine si ritrovava sempre al sicuro e protetto, al riparo dal vento.
Buck no sólo aprendió con la experiencia: sus instintos también regresaron.
Buck non solo imparò dall'esperienza: anche il suo istinto tornò.
Los hábitos de las generaciones domesticadas comenzaron a desaparecer.
Le abitudini delle generazioni addomesticate cominciarono a scomparire.
De manera vaga, recordaba los tiempos antiguos de su raza.
Ricordava vagamente i tempi antichi della sua razza.
Recordó cuando los perros salvajes corrían en manadas por los bosques.
Ripensò a quando i cani selvatici correvano in branco nelle foreste.
Habían perseguido y matado a su presa mientras la perseguían.
Avevano inseguito e ucciso la loro preda mentre la inseguivano.
Para Buck fue fácil aprender a pelear con dientes y velocidad.
Per Buck fu facile imparare a combattere con forza e velocità.
Utilizaba cortes, tajos y chasquidos rápidos igual que sus antepasados.

Come i suoi antenati, usava tagli, squarci e schiocchi rapidi.
Aquellos antepasados se agitaron dentro de él y despertaron su naturaleza salvaje.
Quegli antenati si risvegliarono in lui e risvegliarono la sua natura selvaggia.
Sus antiguas habilidades habían pasado a él a través de la línea de sangre.
Le loro vecchie abilità gli erano state trasmesse attraverso la linea di sangue.
Sus trucos ahora eran suyos, sin necesidad de práctica ni esfuerzo.
Ora i loro trucchi erano suoi, senza bisogno di pratica o sforzo.

En las noches frías y quietas, Buck levantaba la nariz y aullaba.
Nelle notti fredde e tranquille, Buck sollevava il naso e ululò.
Aulló largo y profundamente, como lo hacían los lobos antaño.
Ululò a lungo e profondamente, come facevano i lupi tanto tempo fa.
A través de él, sus antepasados muertos apuntaron sus narices y aullaron.
Attraverso di lui, i suoi antenati defunti puntarono il naso e ulularono.
Aullaron a través de los siglos con su voz y su forma.
Hanno ululato attraverso i secoli con la sua voce e la sua forma.
Sus cadencias eran las de ellos, viejos gritos que hablaban de dolor y frío.
Le sue cadenze erano le loro, vecchi gridi che parlavano di dolore e di freddo.
Cantaron sobre la oscuridad, el hambre y el significado del invierno.
Cantavano dell'oscurità, della fame e del significato dell'inverno.
Buck demostró cómo la vida está determinada por fuerzas ajenas a uno mismo.

Buck ha dimostrato come la vita sia plasmata da forze che vanno oltre noi stessi,
La antigua canción se elevó a través de Buck y se apoderó de su alma.
l'antico canto risuonò nelle vene di Buck e si impadronì della sua anima.
Se encontró a sí mismo porque los hombres habían encontrado oro en el Norte.
Ritrovò se stesso perché gli uomini avevano trovato l'oro nel Nord.
Y se encontró porque Manuel, el ayudante del jardinero, necesitaba dinero.
E lo trovò perché Manuel, l'aiutante giardiniere, aveva bisogno di soldi.

La Bestia Primordial Dominante
La Bestia Primordiale Dominante

La bestia primordial dominante era tan fuerte como siempre en Buck.
La bestia primordiale dominante era più forte che mai in Buck.
Pero la bestia primordial dominante yacía latente en él.
Ma la bestia primordiale dominante era rimasta dormiente in lui.
La vida en el camino era dura, pero fortalecía a la bestia que Buck llevaba dentro.
La vita sui sentieri era dura, ma rafforzava la bestia che era in Buck.
En secreto, la bestia se hacía cada día más fuerte.
Segretamente la bestia diventava sempre più forte ogni giorno.
Pero ese crecimiento interior permaneció oculto para el mundo exterior.
Ma quella crescita interiore è rimasta nascosta al mondo esterno.
Una fuerza primordial, tranquila y calmada se estaba construyendo dentro de Buck.
Una forza primordiale calma e silenziosa si stava formando dentro Buck.
Una nueva astucia le proporcionó a Buck equilibrio, calma, control y aplomo.
Una nuova astuzia diede a Buck equilibrio, calma e compostezza.
Buck se concentró mucho en adaptarse, sin sentirse nunca totalmente relajado.
Buck si concentrò molto sull'adattamento, senza mai sentirsi completamente rilassato.
Él evitaba los conflictos, nunca iniciaba peleas ni buscaba problemas.
Evitava i conflitti, non iniziava mai litigi e non cercava mai guai.
Una reflexión lenta y constante moldeó cada movimiento de Buck.

Ogni mossa di Buck era scandita da una riflessione lenta e costante.
Evitó las elecciones precipitadas y las decisiones repentinas e imprudentes.
Evitava scelte avventate e decisioni improvvise e sconsiderate.
Aunque Buck odiaba profundamente a Spitz, no le mostró ninguna agresión.
Sebbene Buck odiasse profondamente Spitz, non gli mostrò alcuna aggressività.
Buck nunca provocó a Spitz y mantuvo sus acciones moderadas.
Buck non provocò mai Spitz e mantenne le sue azioni moderate.
Spitz, por otro lado, percibió el creciente peligro en Buck.
Spitz, d'altro canto, percepì il pericolo crescente in Buck.
Él veía a Buck como una amenaza y un serio desafío a su poder.
Vedeva Buck come una minaccia e una seria sfida al suo potere.
Aprovechó cada oportunidad para gruñir y mostrar sus afilados dientes.
Coglieva ogni occasione per ringhiare e mostrare i suoi denti aguzzi.
Estaba tratando de iniciar la pelea mortal que estaba por venir.
Stava cercando di dare inizio allo scontro mortale che sarebbe dovuto avvenire.
Al principio del viaje casi se desató una pelea entre ellos.
All'inizio del viaggio, tra loro scoppiò quasi una lite.
Pero un accidente inesperado detuvo la pelea.
Ma un incidente inaspettato impedì che il combattimento avesse luogo.
Esa tarde acamparon en el gélido lago Le Barge.
Quella sera si accamparono sul gelido lago Le Barge.
La nieve caía con fuerza y el viento cortaba como un cuchillo.
La neve cadeva fitta e il vento era tagliente come una lama.

La noche había llegado demasiado rápido y la oscuridad los rodeaba.
La notte era scesa troppo in fretta e l'oscurità li aveva avvolti.
Difícilmente podrían haber elegido un peor lugar para descansar.
Difficilmente avrebbero potuto scegliere un posto peggiore per riposare.
Los perros buscaban desesperadamente un lugar donde tumbarse.
I cani cercavano disperatamente un posto dove sdraiarsi.
Detrás del pequeño grupo se alzaba una alta pared de roca.
Dietro il piccolo gruppo si ergeva un'alta parete rocciosa.
La tienda de campaña había sido abandonada en Dyea para aligerar la carga.
Per alleggerire il carico, la tenda era stata lasciata a Dyea.
No les quedó más remedio que hacer el fuego sobre el propio hielo.
Non avevano altra scelta che accendere il fuoco direttamente sul ghiaccio.
Extendieron sus batas para dormir directamente sobre el lago helado.
Stendevano i loro accappatoi direttamente sul lago ghiacciato.
Unos cuantos palitos de madera flotante les dieron un poco de fuego.
Qualche pezzo di legno galleggiante dava loro un po' di fuoco.
Pero el fuego se construyó sobre el hielo y se descongeló a través de él.
Ma il fuoco è stato acceso sul ghiaccio e attraverso di esso si è scongelato.
Al final, estaban comiendo su cena en la oscuridad.
Alla fine cenarono al buio.
Buck se acurrucó junto a la roca, protegido del viento frío.
Buck si rannicchiò accanto alla roccia, al riparo dal vento freddo.
El lugar era tan cálido y seguro que Buck odiaba mudarse.
Il posto era così caldo e sicuro che Buck non voleva andarsene.

Pero François había calentado el pescado y estaba repartiendo raciones.
Ma François aveva scaldato il pesce e stava distribuendo le razioni.
Buck terminó de comer rápidamente y regresó a su cama.
Buck finì di mangiare in fretta e tornò a letto.
Pero Spitz ahora estaba acostado donde Buck había hecho su cama.
Ma Spitz ora giaceva dove Buck aveva preparato il suo letto.
Un gruñido bajo advirtió a Buck que Spitz se negaba a moverse.
Un ringhio basso avvertì Buck che Spitz si rifiutava di muoversi.
Hasta ahora, Buck había evitado esta pelea con Spitz.
Finora Buck aveva evitato lo scontro con Spitz.
Pero en lo más profundo de Buck la bestia finalmente se liberó.
Ma nel profondo di Buck la bestia alla fine si liberò.
El robo de su lugar para dormir era algo demasiado difícil de tolerar.
Il furto del suo posto letto era troppo da tollerare.
Buck se lanzó hacia Spitz, lleno de ira y rabia.
Buck si lanciò contro Spitz, pieno di rabbia e furore.
Hasta ahora Spitz había pensado que Buck era sólo un perro grande.
Fino a quel momento Spitz aveva pensato che Buck fosse solo un grosso cane.
No creía que Buck hubiera sobrevivido a través de su espíritu.
Non pensava che Buck fosse sopravvissuto grazie al suo spirito.
Esperaba miedo y cobardía, no furia y venganza.
Si aspettava paura e codardia, non furia e vendetta.
François se quedó mirando mientras los dos perros salían del nido en ruinas.
François rimase a guardare mentre entrambi i cani schizzavano fuori dal nido in rovina.

Comprendió de inmediato lo que había iniciado la salvaje lucha.
Capì subito cosa aveva scatenato quella violenta lotta.
—¡Ah! —gritó François en apoyo del perro marrón.
"Aa-ah!" gridò François in sostegno del cane marrone.
¡Dale una paliza! ¡Por Dios, castiga a ese ladrón astuto!
"Dategli una bella lezione! Per Dio, punite quel ladro furbo!"
Spitz mostró la misma disposición y un entusiasmo salvaje por luchar.
Spitz dimostrò altrettanta prontezza e fervore nel combattere.
Gritó de rabia mientras giraba rápidamente en busca de una abertura.
Gridò di rabbia mentre girava velocemente in tondo, cercando un varco.
Buck mostró el mismo hambre de luchar y la misma cautela.
Buck mostrò la stessa fame di combattere e la stessa cautela.
También rodeó a su oponente, intentando obtener la ventaja en la batalla.
Anche lui girò intorno al suo avversario, cercando di avere la meglio nella battaglia.
Entonces sucedió algo inesperado y lo cambió todo.
Poi accadde qualcosa di inaspettato e cambiò tutto.
Ese momento retrasó la eventual lucha por el liderazgo.
Quel momento ritardò l'eventuale lotta per la leadership.
Muchos kilómetros de camino y lucha aún nos esperaban antes del final.
Ci sarebbero ancora molti chilometri di sentiero e di lotta da percorrere prima della fine.
Perrault gritó un juramento cuando un garrote impactó contra el hueso.
Perrault urlò un'imprecazione mentre una mazza colpiva l'osso.
Se escuchó un agudo grito de dolor y luego el caos explotó por todas partes.
Seguì un acuto grido di dolore, poi il caos esplose tutt'intorno.
En el campamento se movían figuras oscuras: perros esquimales salvajes, hambrientos y feroces.

Forme scure si muovevano nell'accampamento: husky selvatici, affamati e feroci.
Cuatro o cinco docenas de perros esquimales habían olfateado el campamento desde lejos.
Quattro o cinque dozzine di husky avevano fiutato l'accampamento da molto lontano.
Se habían colado sigilosamente mientras los dos perros peleaban cerca.
Si erano introdotti furtivamente mentre i due cani litigavano lì vicino.
François y Perrault atacaron con garrotes a los invasores.
François e Perrault si lanciarono all'attacco, colpendo con i manganelli gli invasori.
Los perros esquimales hambrientos mostraron los dientes y contraatacaron frenéticamente.
Gli husky affamati mostrarono i denti e si dibatterono freneticamente.
El olor a carne y a pan les había hecho perder todo miedo.
L'odore della carne e del pane li aveva fatti superare ogni paura.
Perrault golpeó a un perro que había enterrado su cabeza en el cajón de comida.
Perrault picchiò un cane che aveva nascosto la testa nella buca delle vivande.
El golpe fue muy fuerte y la caja se volcó, derramándose comida.
Il colpo fu violento e la scatola si ribaltò, facendo fuoriuscire il cibo.
En cuestión de segundos, una veintena de bestias salvajes destrozaron el pan y la carne.
Nel giro di pochi secondi, una ventina di bestie feroci si avventarono sul pane e sulla carne.
Los garrotes de los hombres asestaron golpe tras golpe, pero ningún perro se apartó.
I bastoni degli uomini sferrarono un colpo dopo l'altro, ma nessun cane si allontanò.

Aullaron de dolor, pero lucharon hasta que no quedó comida.
Urlavano di dolore, ma continuarono a lottare finché non rimase più cibo.

Mientras tanto, los perros de trineo habían saltado de sus camas nevadas.
Nel frattempo i cani da slitta erano saltati giù dalle loro culle innevate.

Fueron atacados instantáneamente por los feroces y hambrientos huskies.
Furono immediatamente attaccati dai feroci e affamati husky.

Buck nunca había visto criaturas tan salvajes y hambrientas antes.
Buck non aveva mai visto prima creature così selvagge e affamate.

Su piel colgaba suelta, ocultando apenas sus esqueletos.
La loro pelle pendeva flaccida, nascondendo a malapena lo scheletro.

Había un fuego en sus ojos, de hambre y locura.
C'era un fuoco nei loro occhi, per fame e follia

No había manera de detenerlos, de resistirse a su ataque salvaje.
Non c'era modo di fermarli, di resistere al loro assalto selvaggio.

Los perros de trineo fueron empujados hacia atrás y presionados contra la pared del acantilado.
I cani da slitta vennero spinti indietro e premuti contro la parete della scogliera.

Tres perros esquimales atacaron a Buck a la vez, desgarrando su carne.
Tre husky attaccarono Buck contemporaneamente, lacerandogli la carne.

La sangre le brotaba de la cabeza y de los hombros, donde había recibido el corte.
Il sangue gli colava dalla testa e dalle spalle, dove era stato tagliato.

El ruido llenó el campamento: gruñidos, aullidos y gritos de dolor.
Il rumore riempì l'accampamento: ringhi, guaiti e grida di dolore.
Billee gritó fuerte, como siempre, atrapada en la pelea y el pánico.
Billee pianse forte, come al solito, presa dal panico e dalla mischia.
Dave y Solleks estaban uno al lado del otro, sangrando pero desafiantes.
Dave e Solleks rimasero fianco a fianco, sanguinanti ma con aria di sfida.
Joe peleó como un demonio, mordiendo todo lo que se acercaba.
Joe lottava come un demonio, mordendo tutto ciò che gli si avvicinava.
Aplastó la pata de un husky con un brutal chasquido de sus mandíbulas.
Con un violento schiocco di mascelle schiacciò la zampa di un husky.
Pike saltó sobre el husky herido y le rompió el cuello instantáneamente.
Pike saltò sull'husky ferito e gli ruppe il collo all'istante.
Buck agarró a un husky por el cuello y le arrancó la vena.
Buck afferrò un husky per la gola e gli strappò la vena.
La sangre salpicó y el sabor cálido llevó a Buck al frenesí.
Il sangue schizzò e il sapore caldo mandò Buck in delirio.
Se abalanzó sobre otro atacante sin dudarlo.
Si lanciò contro un altro aggressore senza esitazione.
En ese mismo momento, unos dientes afilados se clavaron en la garganta de Buck.
Nello stesso momento, denti aguzzi si conficcarono nella gola di Buck.
Spitz había atacado desde un costado, sin previo aviso.
Spitz aveva colpito di lato, attaccando senza preavviso.
Perrault y François habían derrotado a los perros robando la comida.

Perrault e François avevano sconfitto i cani rubando il cibo.
Ahora se apresuraron a ayudar a sus perros a luchar contra los atacantes.
Ora si precipitarono ad aiutare i loro cani a respingere gli aggressori.
Los perros hambrientos se retiraron mientras los hombres blandían sus garrotes.
I cani affamati si ritirarono mentre gli uomini roteavano i loro manganelli.
Buck se liberó del ataque, pero el escape fue breve.
Buck riuscì a liberarsi dall'attacco, ma la fuga fu breve.
Los hombres corrieron a salvar a sus perros, y los huskies volvieron a atacarlos.
Gli uomini corsero a salvare i loro cani e gli husky tornarono ad attaccarli.
Billee, aterrorizado y valiente, saltó hacia la jauría de perros.
Billee, spaventato e coraggioso, si lanciò nel branco di cani.
Pero luego huyó a través del hielo, presa del terror y el pánico.
Ma poi fuggì attraverso il ghiaccio, in preda al terrore e al panico.
Pike y Dub los siguieron de cerca, corriendo para salvar sus vidas.
Pike e Dub li seguirono da vicino, correndo per salvarsi la vita.
El resto del equipo se separó y se dispersó, siguiéndolos.
Il resto della squadra si disperse e li inseguì.
Buck reunió sus fuerzas para correr, pero entonces vio un destello.
Buck raccolse le forze per correre, ma poi vide un lampo.
Spitz se abalanzó sobre el costado de Buck, intentando derribarlo al suelo.
Spitz si lanciò verso Buck, cercando di buttarlo a terra.
Bajo esa turba de perros esquimales, Buck no habría tenido escapatoria.
Sotto quella banda di husky, Buck non avrebbe avuto scampo.
Pero Buck se mantuvo firme y se preparó para el golpe de Spitz.

Ma Buck rimase fermo e si preparò al colpo di Spitz.
Luego se dio la vuelta y salió corriendo al hielo con el equipo que huía.
Poi si voltò e corse sul ghiaccio con la squadra in fuga.

Más tarde, los nueve perros de trineo se reunieron al abrigo del bosque.
Più tardi i nove cani da slitta si radunarono al riparo del bosco.
Ya nadie los perseguía, pero estaban maltratados y heridos.
Nessuno li inseguiva più, ma erano malconci e feriti.
Cada perro tenía heridas: cuatro o cinco cortes profundos en cada cuerpo.
Ogni cane presentava delle ferite: quattro o cinque tagli profondi su ogni corpo.
Dub tenía una pata trasera herida y ahora le costaba caminar.
Dub aveva una zampa posteriore ferita e ora faceva fatica a camminare.
Dolly, la perrita más nueva de Dyea, tenía la garganta cortada.
Dolly, l'ultimo cane arrivato da Dyea, aveva la gola tagliata.
Joe había perdido un ojo y la oreja de Billee estaba cortada en pedazos.
Joe aveva perso un occhio e l'orecchio di Billee era stato tagliato a pezzi
Todos los perros lloraron de dolor y derrota durante toda la noche.
Tutti i cani piansero per il dolore e la sconfitta durante la notte.
Al amanecer regresaron al campamento doloridos y destrozados.
All'alba tornarono lentamente all'accampamento, doloranti e distrutti.
Los perros esquimales habían desaparecido, pero el daño ya estaba hecho.
Gli husky erano scomparsi, ma il danno era fatto.
Perrault y François estaban de mal humor ante las ruinas.

Perrault e François erano di pessimo umore e osservavano le rovine.
La mitad de la comida había desaparecido, robada por los ladrones hambrientos.
Metà del cibo era sparito, rubato dai ladri affamati.
Los perros esquimales habían destrozado las ataduras y la lona del trineo.
Gli husky avevano strappato le corde e la tela della slitta.
Todo lo que tenía olor a comida había sido devorado por completo.
Tutto ciò che aveva odore di cibo era stato divorato completamente.
Se comieron un par de botas de viaje de piel de alce de Perrault.
Mangiarono un paio di stivali da viaggio in pelle di alce di Perrault.
Masticaban correas de cuero y arruinaban las correas hasta dejarlas inservibles.
Hanno masticato le pelli e rovinato i cinturini rendendoli inutilizzabili.
François dejó de mirar el látigo roto para revisar a los perros.
François smise di fissare la frusta strappata per controllare i cani.
—Ah, amigos míos —dijo en voz baja y llena de preocupación.
«Ah, amici miei», disse con voce bassa e preoccupata.
"Tal vez todas estas mordeduras os conviertan en bestias locas."
"Forse tutti questi morsi vi trasformeranno in bestie pazze."
—¡Quizás todos sean perros rabiosos, sacredam! ¿Qué opinas, Perrault?
"Forse tutti cani rabbiosi, sacredam! Che ne pensi, Perrault?"
Perrault meneó la cabeza; sus ojos estaban oscuros por la preocupación y el miedo.
Perrault scosse la testa, con gli occhi scuri per la preoccupazione e la paura.
Todavía había cuatrocientas millas entre ellos y Dawson.

C'erano ancora quattrocento miglia tra loro e Dawson.
La locura canina ahora podría destruir cualquier posibilidad de supervivencia.
La follia dei cani potrebbe ormai distruggere ogni possibilità di sopravvivenza.
Pasaron dos horas maldiciendo y tratando de arreglar el engranaje.
Hanno passato due ore a imprecare e a cercare di riparare l'attrezzatura.
El equipo herido finalmente abandonó el campamento, destrozado y derrotado.
La squadra ferita alla fine lasciò l'accampamento, distrutta e sconfitta.
Éste fue el camino más difícil hasta ahora y cada paso era doloroso.
Questo è stato il sentiero più duro finora e ogni passo è stato doloroso.
El río Treinta Millas no se había congelado y su caudal corría con fuerza.
Il fiume Thirty Mile non era ghiacciato e scorreva impetuoso.
Sólo en los lugares tranquilos y en los remolinos el hielo logró retenerse.
Soltanto nei punti calmi e nei vortici il ghiaccio riusciva a resistere.
Pasaron seis días de duro trabajo hasta recorrer las treinta millas.
Trascorsero sei giorni di duro lavoro per percorrere le trenta miglia.
Cada kilómetro del camino traía consigo peligro y amenaza de muerte.
Ogni miglio del sentiero porta con sé pericoli e minacce di morte.
Los hombres y los perros arriesgaban sus vidas con cada doloroso paso.
Uomini e cani rischiavano la vita a ogni passo doloroso.
Perrault rompió delgados puentes de hielo una docena de veces diferentes.

Perrault riuscì a superare i sottili ponti di ghiaccio una dozzina di volte.
Llevó un palo y lo dejó caer sobre el agujero que había hecho su cuerpo.
Prese un palo e lo lasciò cadere nel buco creato dal suo corpo.
Más de una vez ese palo salvó a Perrault de ahogarse.
Quel palo salvò Perrault più di una volta dall'annegamento.
La ola de frío se mantuvo firme y el aire estaba a cincuenta grados bajo cero.
L'ondata di freddo persisteva, la temperatura era di cinquanta gradi sotto zero.
Cada vez que se caía, Perrault tenía que encender un fuego para sobrevivir.
Ogni volta che cadeva, Perrault era costretto ad accendere un fuoco per sopravvivere.
La ropa mojada se congelaba rápidamente, por lo que la secaba cerca del calor abrasador.
Gli abiti bagnati si congelavano rapidamente, perciò li faceva asciugare vicino al calore cocente.
Ningún miedo afectó jamás a Perrault, y eso lo convirtió en mensajero.
Perrault non provava mai paura, e questo faceva di lui un corriere.
Fue elegido para el peligro y lo afrontó con tranquila resolución.
Fu scelto per affrontare il pericolo e lo affrontò con silenziosa determinazione.
Avanzó contra el viento, con el rostro arrugado y congelado.
Si spinse in avanti controvento, con il viso raggrinzito e congelato.
Desde el amanecer hasta el anochecer, Perrault los condujo hacia adelante.
Perrault li guidò in avanti dall'alba al tramonto.
Caminó sobre un estrecho borde de hielo que se agrietaba con cada paso.
Camminava sul ghiaccio sottile che scricchiolava a ogni passo.

No se atrevieron a detenerse: cada pausa suponía el riesgo de un colapso mortal.
Non osavano fermarsi: ogni pausa rischiava di provocare un crollo mortale.
Una vez, el trineo se abrió paso y arrastró a Dave y Buck.
Una volta la slitta si ruppe, trascinando dentro Dave e Buck.
Cuando los liberaron, ambos estaban casi congelados.
Quando furono liberati, entrambi erano quasi congelati.
Los hombres hicieron un fuego rápidamente para mantener con vida a Buck y Dave.
Gli uomini accesero rapidamente un fuoco per salvare Buck e Dave.
Los perros estaban cubiertos de hielo desde la nariz hasta la cola, rígidos como madera tallada.
I cani erano ricoperti di ghiaccio dal naso alla coda, rigidi come legno intagliato.
Los hombres los hicieron correr en círculos cerca del fuego para descongelar sus cuerpos.
Gli uomini li fecero correre in cerchio vicino al fuoco per scongelarne i corpi.
Se acercaron tanto a las llamas que su pelaje se quemó.
Si avvicinarono così tanto alle fiamme che la loro pelliccia rimase bruciacchiata.
Luego Spitz rompió el hielo y arrastró al equipo detrás de él.
Spitz ruppe poi il ghiaccio, trascinando dietro di sé la squadra.
La ruptura llegó hasta donde Buck estaba tirando.
La frenata arrivava fino al punto in cui Buck stava tirando.
Buck se reclinó con fuerza hacia atrás, sus patas resbalaron y temblaron en el borde.
Buck si appoggiò bruscamente allo schienale, con le zampe che scivolavano e tremavano sul bordo.
Dave también se esforzó hacia atrás, justo detrás de Buck en la línea.
Anche Dave si sforzò all'indietro, proprio dietro Buck sulla linea.
François tiró del trineo; sus músculos crujían por el esfuerzo.

François tirava la slitta e i suoi muscoli scricchiolavano per lo sforzo.
En otra ocasión, el borde del hielo se agrietó delante y detrás del trineo.
Un'altra volta, il ghiaccio del bordo si è crepato davanti e dietro la slitta.
No tenían otra salida que escalar una pared del acantilado congelado.
Non avevano altra via d'uscita se non quella di arrampicarsi su una parete ghiacciata.
De alguna manera Perrault logró escalar el muro; un milagro lo mantuvo con vida.
In qualche modo Perrault riuscì a scalare il muro: un miracolo lo tenne in vita.
François se quedó abajo, rezando por tener la misma suerte.
François rimase sottocoperta, pregando che gli capitasse la stessa fortuna.
Ataron todas las correas, amarres y tirantes hasta formar una cuerda larga.
Legarono ogni cinghia, legatura e tirante in un'unica lunga corda.
Los hombres subieron cada perro, uno a uno, hasta la cima.
Gli uomini trascinarono i cani uno alla volta fino in cima.
François subió el último, después del trineo y toda la carga.
François salì per ultimo, dopo la slitta e tutto il carico.
Entonces comenzó una larga búsqueda de un camino para bajar de los acantilados.
Poi iniziò una lunga ricerca di un sentiero che scendesse dalle scogliere.
Finalmente descendieron usando la misma cuerda que habían hecho.
Alla fine scesero utilizzando la stessa corda che avevano costruito.
La noche cayó cuando regresaron al lecho del río, exhaustos y doloridos.
Scese la notte mentre tornavano al letto del fiume, esausti e doloranti.

El día completo les había proporcionado sólo un cuarto de milla de ganancia.
Avevano impiegato un giorno intero per percorrere solo un quarto di miglio.
Cuando llegaron a Hootalinqua, Buck estaba agotado.
Quando giunsero all'Hootalinqua, Buck era sfinito.
Los demás perros sufrieron igual de mal las condiciones del sendero.
Anche gli altri cani soffrivano le stesse condizioni del sentiero.
Pero Perrault necesitaba recuperar tiempo y los presionaba cada día.
Ma Perrault aveva bisogno di recuperare tempo e li spingeva avanti giorno dopo giorno.
El primer día viajaron treinta millas hasta Big Salmon.
Il primo giorno percorsero trenta miglia fino a Big Salmon.
Al día siguiente viajaron treinta y cinco millas hasta Little Salmon.
Il giorno dopo percorsero trentacinque miglia fino a Little Salmon.
Al tercer día avanzaron a través de cuarenta largas y heladas millas.
Il terzo giorno percorsero quaranta miglia ghiacciate.
Para entonces, se estaban acercando al asentamiento de Five Fingers.
A quel punto si stavano avvicinando all'insediamento di Five Fingers.

Los pies de Buck eran más suaves que los duros pies de los huskies nativos.
I piedi di Buck erano più morbidi di quelli duri degli husky autoctoni.
Sus patas se habían vuelto tiernas a lo largo de muchas generaciones civilizadas.
Le sue zampe erano diventate tenere nel corso di molte generazioni civilizzate.
Hace mucho tiempo, sus antepasados habían sido domesticados por hombres del río o cazadores.

Molto tempo fa, i suoi antenati erano stati addomesticati dagli uomini del fiume o dai cacciatori.
Todos los días Buck cojeaba de dolor, caminando sobre sus patas doloridas y en carne viva.
Ogni giorno Buck zoppicava per il dolore, camminando con le zampe screpolate e doloranti.
En el campamento, Buck cayó como un cuerpo sin vida sobre la nieve.
Giunto all'accampamento, Buck cadde come un corpo senza vita sulla neve.
Aunque estaba hambriento, Buck no se levantó a comer su cena.
Sebbene fosse affamato, Buck non si alzò per consumare il pasto serale.
François le trajo a Buck su ración, poniendo pescado junto a su hocico.
François portò la sua razione a Buck, mettendogli del pesce vicino al muso.
Cada noche, el conductor frotaba los pies de Buck durante media hora.
Ogni notte l'autista massaggiava i piedi di Buck per mezz'ora.
François incluso cortó sus propios mocasines para hacer calzado para perros.
François arrivò persino a tagliare i suoi mocassini per farne delle calzature per cani.
Cuatro zapatos cálidos le dieron a Buck un gran y bienvenido alivio.
Quattro scarpe calde diedero a Buck un grande e gradito sollievo.
Una mañana, François olvidó los zapatos y Buck se negó a levantarse.
Una mattina François dimenticò le scarpe e Buck si rifiutò di alzarsi.
Buck yacía de espaldas, con los pies en el aire, agitándolos lastimeramente.
Buck giaceva sulla schiena, con i piedi in aria, e li agitava in modo pietoso.

Incluso Perrault sonrió al ver la dramática súplica de Buck.
Persino Perrault sorrise alla vista dell'appello drammatico di Buck.
Pronto los pies de Buck se endurecieron y los zapatos pudieron desecharse.
Ben presto i piedi di Buck diventarono duri e le scarpe poterono essere tolte.
En Pelly, durante el periodo de uso del arnés, Dolly emitió un aullido terrible.
A Pelly, durante il periodo in cui veniva imbrigliata, Dolly emise un ululato terribile.
El grito fue largo y lleno de locura, sacudiendo a todos los perros.
Il grido era lungo e pieno di follia, e fece tremare tutti i cani.
Cada perro se erizaba de miedo sin saber el motivo.
Ogni cane si rizzava per la paura, senza capirne il motivo.
Dolly se volvió loca y se arrojó directamente hacia Buck.
Dolly era impazzita e si era scagliata contro Buck.
Buck nunca había visto la locura, pero el horror llenó su corazón.
Buck non aveva mai visto la follia, ma l'orrore gli riempì il cuore.
Sin pensarlo, se dio la vuelta y huyó presa del pánico absoluto.
Senza pensarci due volte, si voltò e fuggì in preda al panico più assoluto.
Dolly lo persiguió con los ojos desorbitados y la saliva saliendo de sus mandíbulas.
Dolly lo inseguì, con gli occhi selvaggi e la saliva che le colava dalle fauci.
Ella se mantuvo justo detrás de Buck, sin ganar terreno ni quedarse atrás.
Si tenne sempre dietro a Buck, senza mai guadagnare terreno e senza mai indietreggiare.
Buck corrió a través del bosque, bajó por la isla y cruzó el hielo irregular.

Buck corse attraverso i boschi, giù per l'isola, sul ghiaccio frastagliato.
Cruzó hacia una isla, luego hacia otra, dando la vuelta nuevamente hasta el río.
Attraversò un'isola, poi un'altra, per poi tornare indietro verso il fiume.
Aún así Dolly lo persiguió, con su gruñido detrás de cada paso.
Dolly continuava a inseguirlo, ringhiando sempre più forte a ogni passo.
Buck podía oír su respiración y su rabia, aunque no se atrevía a mirar atrás.
Buck poteva sentire il suo respiro e la sua rabbia, anche se non osava voltarsi indietro.
François gritó desde lejos y Buck se giró hacia la voz.
François gridò da lontano e Buck si voltò verso la voce.
Todavía jadeando en busca de aire, Buck pasó corriendo, poniendo toda su esperanza en François.
Ancora senza fiato, Buck corse oltre, riponendo ogni speranza in François.
El conductor del perro levantó un hacha y esperó mientras Buck pasaba volando.
Il conducente del cane sollevò un'ascia e aspettò che Buck gli passasse accanto.
El hacha cayó rápidamente y golpeó la cabeza de Dolly con una fuerza mortal.
L'ascia calò rapidamente e colpì la testa di Dolly con forza mortale.
Buck se desplomó cerca del trineo, jadeando e incapaz de moverse.
Buck crollò vicino alla slitta, ansimando e incapace di muoversi.
Ese momento le dio a Spitz la oportunidad de golpear a un enemigo exhausto.
Quel momento diede a Spitz la possibilità di colpire un nemico esausto.

Mordió a Buck dos veces, desgarrando la carne hasta el hueso blanco.
Morse Buck due volte, strappandogli la carne fino all'osso bianco.
El látigo de François hizo chasquear el látigo y golpeó a Spitz con toda su fuerza y furia.
La frusta di François schioccò, colpendo Spitz con tutta la sua forza, con furia.
Buck observó con alegría cómo Spitz recibía la paliza más dura que había recibido hasta entonces.
Buck guardò con gioia Spitz mentre riceveva il pestaggio più duro fino a quel momento.
"Es un demonio ese Spitz", murmuró Perrault para sí mismo.
«È un diavolo, quello Spitz», borbottò Perrault tra sé e sé.
"Algún día, ese maldito perro matará a Buck, lo juro".
"Un giorno o l'altro, quel cane maledetto ucciderà Buck, lo giuro."
—Ese Buck tiene dos demonios dentro —respondió François asintiendo.
«Quel Buck ha due diavoli dentro di sé», rispose François annuendo.
"Cuando veo a Buck, sé que algo feroz le aguarda dentro".
"Quando osservo Buck, so che dentro di lui si cela qualcosa di feroce."
"Un día se pondrá furioso y destrozará a Spitz".
"Un giorno, si infurierà come il fuoco e farà a pezzi Spitz."
"Masticará a ese perro y lo escupirá en la nieve congelada".
"Masticherà quel cane e lo sputerà sulla neve ghiacciata."
"Estoy seguro de que lo sé en lo más profundo de mi ser".
"Certo, lo so fin nel profondo."
A partir de ese momento los dos perros quedaron en guerra.
Da quel momento in poi, i due cani furono in guerra tra loro.
Spitz lideró al equipo y mantuvo el poder, pero Buck lo desafió.
Spitz guidava la squadra e deteneva il potere, ma Buck lo sfidava.

Spitz vio su rango amenazado por este extraño extraño de Southland.
Spitz si rese conto che il suo rango era minacciato da questo strano straniero del Sud.
Buck no se parecía a ningún otro perro sureño que Spitz hubiera conocido antes.
Buck era diverso da tutti i cani del sud che Spitz aveva conosciuto fino ad allora.
La mayoría de ellos fracasaron: eran demasiado débiles para sobrevivir al frío y al hambre.
La maggior parte di loro fallì: troppo deboli per sopravvivere al freddo e alla fame.
Murieron rápidamente bajo el trabajo, las heladas y el lento ardor del hambre.
Morirono rapidamente a causa del lavoro, del gelo e del lento bruciare della carestia.
Buck se destacó: cada día más fuerte, más inteligente y más salvaje.
Buck si distingueva: ogni giorno più forte, più intelligente e più selvaggio.
Prosperó a pesar de las dificultades y creció hasta alcanzar el nivel de los perros esquimales del norte.
Ha prosperato nonostante le difficoltà, crescendo al pari degli husky del nord.
Buck tenía fuerza, habilidad salvaje y un instinto paciente y mortal.
Buck era dotato di forza, abilità straordinaria e un istinto paziente e letale.
El hombre con el garrote había golpeado la temeridad de Buck.
L'uomo con la mazza aveva annientato Buck per fargli perdere la temerarietà.
La furia ciega desapareció y fue reemplazada por una astucia silenciosa y control.
La furia cieca se n'era andata, sostituita da un'astuzia silenziosa e dal controllo.

Esperó, tranquilo y primario, observando el momento adecuado.
Attese, calmo e primordiale, in attesa del momento giusto.
Su lucha por el mando se hizo inevitable y clara.
La loro lotta per il comando divenne inevitabile e chiara.
Buck deseaba el liderazgo porque su espíritu lo exigía.
Buck desiderava la leadership perché il suo spirito la richiedeva.
Lo impulsaba el extraño orgullo nacido del camino y del arnés.
Era spinto da quello strano orgoglio che nasceva dal sentiero e dall'imbracatura.
Ese orgullo hizo que los perros tiraran hasta caer sobre la nieve.
Quell'orgoglio faceva sì che i cani tirassero fino a crollare sulla neve.
El orgullo los llevó a dar toda la fuerza que tenían.
L'orgoglio li spinse a dare tutta la forza che avevano.
El orgullo puede atraer a un perro de trineo incluso hasta el punto de la muerte.
L'orgoglio può trascinare un cane da slitta fino al punto di ucciderlo.
La pérdida del arnés dejó a los perros rotos y sin propósito.
Perdere l'imbracatura rendeva i cani deboli e senza scopo.
El corazón de un perro de trineo puede quedar aplastado por la vergüenza cuando se retira.
Il cuore di un cane da slitta può essere spezzato dalla vergogna quando va in pensione.
Dave vivió con ese orgullo mientras arrastraba el trineo desde atrás.
Dave viveva con questo orgoglio mentre trascinava la slitta da dietro.
Solleks también lo dio todo con fuerza y lealtad.
Anche Solleks diede il massimo con cupa forza e lealtà.
Cada mañana, el orgullo los transformaba de amargados a decididos.

Ogni mattina l'orgoglio li trasformava da amareggiati a determinati.
Empujaron todo el día y luego se quedaron en silencio al final del campamento.
Spinsero per tutto il giorno, poi tacquero una volta giunti alla fine dell'accampamento.
Ese orgullo le dio a Spitz la fuerza para poner a raya a los evasores.
Quell'orgoglio diede a Spitz la forza di mettere in riga i fannulloni.
Spitz temía a Buck porque Buck tenía ese mismo orgullo profundo.
Spitz temeva Buck perché Buck nutriva lo stesso profondo orgoglio.
El orgullo de Buck ahora se agitó contra Spitz, y no se detuvo.
L'orgoglio di Buck ora si agitò contro Spitz, ma lui non si fermò.
Buck desafió el poder de Spitz y le impidió castigar a los perros.
Buck sfidò il potere di Spitz e gli impedì di punire i cani.
Cuando otros fallaron, Buck se interpuso entre ellos y su líder.
Quando gli altri fallivano, Buck si frapponeva tra loro e il loro capo.
Lo hizo con intención, dejando claro y abierto su desafío.
Lo fece con intenzione, rendendo la sua sfida aperta e chiara.
Una noche, una fuerte nevada cubrió el mundo con un profundo silencio.
Una notte una forte nevicata coprì il mondo in un profondo silenzio.
A la mañana siguiente, Pike, perezoso como siempre, no se levantó para ir a trabajar.
La mattina dopo, Pike, pigro come sempre, non si alzò per andare al lavoro.
Se quedó escondido en su nido bajo una gruesa capa de nieve.

Rimase nascosto nel suo nido sotto uno spesso strato di neve.
François gritó y buscó, pero no pudo encontrar al perro.
François gridò e cercò, ma non riuscì a trovare il cane.
Spitz se puso furioso y atravesó furioso el campamento cubierto de nieve.
Spitz si infuriò e si scagliò contro l'accampamento coperto di neve.
Gruñó y olfateó, cavando frenéticamente con ojos llameantes.
Ringhiò e annusò, scavando freneticamente con gli occhi fiammeggianti.
Su rabia era tan feroz que Pike tembló de miedo bajo la nieve.
La sua rabbia era così violenta che Pike tremava sotto la neve per la paura.
Cuando finalmente encontraron a Pike, Spitz se abalanzó sobre él para castigar al perro que estaba escondido.
Quando finalmente Pike fu trovato, Spitz si lanciò per punire il cane nascosto.
Pero Buck saltó entre ellos con una furia igual a la de Spitz.
Ma Buck si scagliò tra loro con una furia pari a quella di Spitz.
El ataque fue tan repentino e inteligente que Spitz cayó al suelo.
L'attacco fu così improvviso e astuto che Spitz cadde a terra.
Pike, que estaba temblando, se animó ante este desafío.
Pike, che tremava, trasse coraggio da questa sfida.
Saltó sobre el Spitz caído, siguiendo el audaz ejemplo de Buck.
Seguendo l'audace esempio di Buck, saltò sullo Spitz caduto.
Buck, que ya no estaba obligado por la justicia, se unió a la huelga de Spitz.
Buck, non più vincolato dall'equità, si unì allo sciopero di Spitz.
François, divertido pero firme en su disciplina, blandió su pesado látigo.
François, divertito ma fermo nella disciplina, agitò la sua pesante frusta.

Golpeó a Buck con todas sus fuerzas para acabar con la pelea.
Colpì Buck con tutta la sua forza per interrompere la rissa.
Buck se negó a moverse y se quedó encima del líder caído.
Buck si rifiutò di muoversi e rimase in groppa al capo caduto.
François entonces utilizó el mango del látigo y golpeó con fuerza a Buck.
François allora usò il manico della frusta e colpì Buck con violenza.
Tambaleándose por el golpe, Buck cayó hacia atrás bajo el asalto.
Barcollando per il colpo, Buck cadde all'indietro sotto l'assalto.
François golpeó una y otra vez mientras Spitz castigaba a Pike.
François colpì più volte mentre Spitz puniva Pike.

Pasaron los días y Dawson City estaba cada vez más cerca.
Passarono i giorni e Dawson City si avvicinava sempre di più.
Buck seguía interfiriendo, interponiéndose entre Spitz y otros perros.
Buck continuava a intromettersi, infilandosi tra Spitz e gli altri cani.
Elegía bien sus momentos, esperando siempre que François se marchase.
Sceglieva bene i suoi momenti, aspettando sempre che François se ne andasse.
La rebelión silenciosa de Buck se extendió y el desorden se arraigó en el equipo.
La ribellione silenziosa di Buck si diffuse e il disordine prese piede nella squadra.
Dave y Solleks se mantuvieron leales, pero otros se volvieron rebeldes.
Dave e Solleks rimasero leali, ma altri diventarono indisciplinati.
El equipo empeoró: se volvió inquieto, pendenciero y fuera de lugar.

La squadra peggiorò: divenne irrequieta, litigiosa e fuori luogo.
Ya nada funcionaba con fluidez y las peleas se volvieron algo habitual.
Ormai niente filava liscio e le liti diventavano all'ordine del giorno.
Buck permaneció en el corazón del problema, provocando siempre malestar.
Buck rimase sempre al centro dei guai, provocando disordini.
François se mantuvo alerta, temeroso de la pelea entre Buck y Spitz.
François rimase vigile, temendo la lotta tra Buck e Spitz.
Cada noche, las peleas lo despertaban, temiendo que finalmente llegara el comienzo.
Ogni notte veniva svegliato da zuffe e temeva che finalmente fosse arrivato l'inizio.
Saltó de su túnica, dispuesto a detener la pelea.
Balzò fuori dalla veste, pronto a interrompere la rissa.
Pero el momento nunca llegó y finalmente llegaron a Dawson.
Ma il momento non arrivò mai e alla fine raggiunsero Dawson.
El equipo entró en la ciudad una tarde sombría, tensa y silenciosa.
La squadra entrò in città in un pomeriggio cupo, teso e silenzioso.
La gran batalla por el liderazgo todavía estaba suspendida en el aire.
La grande battaglia per la leadership era ancora sospesa nell'aria gelida.
Dawson estaba lleno de hombres y perros de trineo, todos ocupados con el trabajo.
Dawson era piena di uomini e cani da slitta, tutti impegnati nel lavoro.
Buck observó a los perros tirar cargas desde la mañana hasta la noche.
Buck osservava i cani trainare i carichi dalla mattina alla sera.

Transportaban troncos y leña y transportaban suministros a las minas.
Trasportavano tronchi e legna da ardere e spedivano rifornimenti alle miniere.
Donde antes trabajaban los caballos en las tierras del sur, ahora trabajaban los perros.
Nel Southland, dove un tempo lavoravano i cavalli, ora lavoravano i cani.
Buck vio algunos perros del sur, pero la mayoría eran huskies parecidos a lobos.
Buck vide alcuni cani provenienti dal Sud, ma la maggior parte erano husky simili a lupi.
Por la noche, como un reloj, los perros alzaban sus voces cantando.
Di notte, puntuali come un orologio, i cani alzavano la voce e cantavano.
A las nueve, a las doce y de nuevo a las tres, empezó el canto.
Alle nove, a mezzanotte e di nuovo alle tre, il canto cominciò.
A Buck le encantaba unirse a su canto misterioso, de sonido salvaje y antiguo.
Buck amava unirsi al loro canto inquietante, selvaggio e antico nel suono.
La aurora llameó, las estrellas bailaron y la nieve cubrió la tierra.
L'aurora fiammeggiava, le stelle danzavano e la neve ricopriva la terra.
El canto de los perros se elevó como un grito contra el silencio y el frío intenso.
Il canto dei cani si elevava come un grido contro il silenzio e il freddo pungente.
Pero su aullido contenía tristeza, no desafío, en cada larga nota.
Ma il loro urlo esprimeva tristezza, non sfida, in ogni lunga nota.
Cada grito lamentable estaba lleno de súplica: el peso de la vida misma.
Ogni lamento era pieno di supplica: il peso stesso della vita.

Esa canción era vieja, más vieja que las ciudades y más vieja que los incendios.
Quella canzone era vecchia, più vecchia delle città e più vecchia degli incendi

Aquella canción era más antigua incluso que las voces de los hombres.
Quel canto era più antico perfino delle voci degli uomini.

Era una canción del mundo joven, cuando todas las canciones eran tristes.
Era una canzone del mondo dei giovani, quando tutte le canzoni erano tristi.

La canción transportaba el dolor de incontables generaciones de perros.
La canzone porta con sé il dolore di innumerevoli generazioni di cani.

Buck sintió la melodía profundamente, gimiendo por un dolor arraigado en los siglos.
Buck percepì profondamente la melodia, gemendo per un dolore radicato nei secoli.

Sollozaba por un dolor tan antiguo como la sangre salvaje en sus venas.
Singhiozzava per un dolore antico quanto il sangue selvaggio nelle sue vene.

El frío, la oscuridad y el misterio tocaron el alma de Buck.
Il freddo, l'oscurità e il mistero toccarono l'anima di Buck.

Esa canción demostró hasta qué punto Buck había regresado a sus orígenes.
Quella canzone dimostrava quanto Buck fosse tornato alle sue origini.

Entre la nieve y los aullidos había encontrado el comienzo de su propia vida.
Tra la neve e gli ululati aveva trovato l'inizio della sua vita.

Siete días después de llegar a Dawson, partieron nuevamente.
Sette giorni dopo l'arrivo a Dawson, ripartirono.

El equipo descendió del cuartel hasta el sendero Yukon.

La squadra si è lanciata dalla caserma fino allo Yukon Trail.
Comenzaron el viaje de regreso hacia Dyea y Salt Water.
Iniziarono il viaggio di ritorno verso Dyea e Salt Water.
Perrault llevaba despachos aún más urgentes que antes.
Perrault trasmise dispacci ancora più urgenti di prima.
También se sintió dominado por el orgullo por el sendero y se propuso establecer un récord.
Era anche preso dall'orgoglio per la corsa e puntava a stabilire un record.
Esta vez, varias ventajas estaban del lado de Perrault.
Questa volta Perrault aveva diversi vantaggi.
Los perros habían descansado durante una semana entera y recuperaron su fuerza.
I cani avevano riposato per un'intera settimana e avevano ripreso le forze.
El camino que ellos habían abierto ahora estaba compactado por otros.
La pista che avevano tracciato era ora battuta da altri.
En algunos lugares, la policía había almacenado comida tanto para perros como para hombres.
In alcuni punti la polizia aveva immagazzinato cibo sia per i cani che per gli uomini.
Perrault viajaba ligero, moviéndose rápido y con poco que lo pesara.
Perrault viaggiava leggero, si muoveva velocemente e aveva poco a cui aggrapparsi.
Llegaron a Sixty-Mile, un recorrido de cincuenta millas, en la primera noche.
La prima sera raggiunsero la Sixty-Mile, una corsa lunga 50 miglia.
El segundo día, se apresuraron a subir por el Yukón hacia Pelly.
Il secondo giorno risalirono rapidamente lo Yukon in direzione di Pelly.
Pero estos grandes avances implicaron un gran esfuerzo para François.

Ma questi grandi progressi comportarono anche molta fatica per François.

La rebelión silenciosa de Buck había destrozado la disciplina del equipo.

La ribellione silenziosa di Buck aveva infranto la disciplina della squadra.

Ya no tiraban juntos como una sola bestia bajo las riendas.

Non si univano più come un'unica bestia al comando.

Buck había llevado a otros al desafío mediante su valiente ejemplo.

Buck aveva spinto altri alla sfida con il suo coraggioso esempio.

La orden de Spitz ya no fue recibida con miedo ni respeto.

L'ordine di Spitz non veniva più accolto con timore o rispetto.

Los demás perdieron el respeto que le tenían y se atrevieron a resistirse a su gobierno.

Gli altri persero ogni timore reverenziale nei suoi confronti e osarono opporsi al suo governo.

Una noche, Pike robó medio pescado y se lo comió bajo la mirada de Buck.

Una notte, Pike rubò mezzo pesce e lo mangiò sotto gli occhi di Buck.

Otra noche, Dub y Joe pelearon contra Spitz y quedaron impunes.

Un'altra notte, Dub e Joe combatterono contro Spitz e rimasero impuniti.

Incluso Billee se quejó con menos dulzura y mostró una nueva agudeza.

Anche Billee gemette meno dolcemente e mostrò una nuova acutezza.

Buck le gruñó a Spitz cada vez que se cruzaban.

Buck ringhiava a Spitz ogni volta che si incrociavano.

La actitud de Buck se volvió audaz y amenazante, casi como la de un matón.

L'atteggiamento di Buck divenne audace e minaccioso, quasi come quello di un bullo.

Caminó delante de Spitz con arrogancia, lleno de amenaza burlona.
Camminava avanti e indietro davanti a Spitz con un'andatura spavalda e piena di minaccia beffarda.
Ese colapso del orden se extendió también entre los perros de trineo.
Questo crollo dell'ordine si diffuse anche tra i cani da slitta.
Pelearon y discutieron más que nunca, llenando el campamento de ruido.
Litigarono e discussero più che mai, riempiendo l'accampamento di rumore.
La vida en el campamento se convertía cada noche en un caos salvaje y aullante.
Ogni notte la vita nel campeggio si trasformava in un caos selvaggio e ululante.
Sólo Dave y Solleks permanecieron firmes y concentrados.
Solo Dave e Solleks rimasero fermi e concentrati.
Pero incluso ellos se enojaron por las peleas constantes.
Ma anche loro diventarono irascibili a causa delle continue risse.
François maldijo en lenguas extrañas y pisoteó con frustración.
François imprecò in lingue strane e batté i piedi per la frustrazione.
Se tiró del pelo y gritó mientras la nieve volaba bajo sus pies.
Si strappò i capelli e urlò mentre la neve gli volava sotto i piedi.
Su látigo azotó a la manada, pero apenas logró mantenerlos bajo control.
La sua frusta schioccò contro il gruppo, ma a malapena riuscì a tenerli in riga.
Cada vez que él le daba la espalda, la lucha estallaba de nuevo.
Ogni volta che voltava le spalle, la lotta ricominciava.
François utilizó el látigo para azotar a Spitz, mientras Buck lideraba a los rebeldes.

François usò la frusta per Spitz, mentre Buck guidava i ribelli.
Cada uno conocía el papel del otro, pero Buck evitó cualquier culpa.
Ognuno conosceva il ruolo dell'altro, ma Buck evitava di addossare ogni colpa.
François nunca sorprendió a Buck iniciando una pelea o eludiendo su trabajo.
François non ha mai colto Buck mentre iniziava una rissa o si sottraeva al suo lavoro.
Buck trabajó duro con el arnés; el trabajo ahora emocionaba su espíritu.
Buck lavorava duramente ai finimenti: la fatica ora gli dava entusiasmo.
Pero encontró aún más alegría al provocar peleas y caos en el campamento.
Ma trovava ancora più gioia nel fomentare risse e caos nell'accampamento.

Una noche, en la desembocadura del Tahkeena, Dub asustó a un conejo.
Una sera, alla foce del Tahkeena, Dub spaventò un coniglio.
Falló el tiro y el conejo con raquetas de nieve saltó lejos.
Mancò la presa e il coniglio con la racchetta da neve balzò via.
En cuestión de segundos, todo el equipo de trineo los persiguió con gritos salvajes.
Nel giro di pochi secondi, l'intera squadra di slitte si lanciò all'inseguimento, gridando a squarciagola.
Cerca de allí, un campamento de la Policía del Noroeste albergaba cincuenta perros husky.
Nelle vicinanze, un accampamento della polizia del nord-ovest ospitava cinquanta cani husky.
Se unieron a la caza y navegaron juntos por el río helado.
Si unirono alla caccia, scendendo insieme il fiume ghiacciato.
El conejo se desvió del río y huyó hacia el lecho congelado del arroyo.
Il coniglio lasciò il fiume e fuggì lungo il letto ghiacciato di un ruscello.

El conejo saltaba suavemente sobre la nieve mientras los perros se abrían paso con dificultad.
Il coniglio saltellava leggero sulla neve mentre i cani si facevano strada a fatica.
Buck lideró la enorme manada de sesenta perros en cada curva.
Buck guidava l'enorme branco di sessanta cani attorno a ogni curva tortuosa.
Avanzó lentamente y con entusiasmo, pero no pudo ganar terreno.
Si spinse in avanti, basso e impaziente, ma non riuscì a guadagnare terreno.
Su cuerpo brillaba bajo la pálida luna con cada poderoso salto.
Il suo corpo brillava sotto la pallida luna a ogni potente balzo.
Más adelante, el conejo se movía como un fantasma, silencioso y demasiado rápido para atraparlo.
Davanti a loro, il coniglio si muoveva come un fantasma, silenzioso e troppo veloce per essere catturato.
Todos esos viejos instintos —el hambre, la emoción— se apoderaron de Buck.
Tutti quei vecchi istinti, la fame, l'eccitazione, attraversarono Buck.
Los humanos a veces sienten este instinto y se ven impulsados a cazar con armas de fuego y balas.
A volte gli esseri umani avvertono questo istinto e sono spinti a cacciare con armi da fuoco e proiettili.
Pero Buck sintió este sentimiento a un nivel más profundo y personal.
Ma Buck provava questa sensazione a un livello più profondo e personale.
No podían sentir lo salvaje en su sangre como Buck podía sentirlo.
Non riuscivano a percepire la natura selvaggia nel loro sangue come Buck.
Persiguió carne viva, dispuesto a matar con los dientes y saborear la sangre.

Inseguiva la carne viva, pronto a uccidere con i denti e ad assaggiare il sangue.
Su cuerpo se tensó de alegría, queriendo bañarse en la cálida vida roja.
Il suo corpo si tendeva per la gioia, desiderando immergersi nel caldo rosso della vita.
Una extraña alegría marca el punto más alto que la vida puede alcanzar.
Una strana gioia segna il punto più alto che la vita possa mai raggiungere.
La sensación de una cima donde los vivos olvidan que están vivos.
La sensazione di raggiungere un picco in cui i vivi dimenticano di essere vivi.
Esta alegría profunda conmueve al artista perdido en una inspiración ardiente.
Questa gioia profonda tocca l'artista immerso in un'ispirazione ardente.
Esta alegría se apodera del soldado que lucha salvajemente y no perdona a ningún enemigo.
Questa gioia afferra il soldato che combatte selvaggiamente e non risparmia alcun nemico.
Esta alegría ahora se apoderó de Buck mientras lideraba la manada con hambre primaria.
Questa gioia ora colpì Buck mentre guidava il branco in preda alla fame primordiale.
Aulló con el antiguo grito del lobo, emocionado por la persecución en vida.
Ululò con l'antico grido del lupo, emozionato per l'inseguimento.
Buck recurrió a la parte más antigua de sí mismo, perdida en la naturaleza.
Buck fece appello alla parte più antica di sé, persa nella natura selvaggia.
Llegó a lo más profundo, más allá de la memoria, al tiempo crudo y antiguo.

Scavò in profondità dentro di sé, oltre la memoria, fino al tempo grezzo e antico.
Una ola de vida pura recorrió cada músculo y tendón.
Un'ondata di vita pura pervase ogni muscolo e tendine.
Cada salto gritaba que vivía, que avanzaba a través de la muerte.
Ogni salto gridava che viveva, che attraversava la morte.
Su cuerpo se elevaba alegremente sobre una tierra quieta y fría que nunca se movía.
Il suo corpo si librava gioioso su una terra immobile e fredda che non si muoveva mai.
Spitz se mantuvo frío y astuto, incluso en sus momentos más salvajes.
Spitz rimase freddo e astuto anche nei suoi momenti più selvaggi.
Dejó el sendero y cruzó el terreno donde el arroyo se curvaba ampliamente.
Lasciò il sentiero e attraversò un terreno dove il torrente formava una curva ampia.
Buck, sin darse cuenta de esto, permaneció en el sinuoso camino del conejo.
Buck, ignaro di ciò, rimase sul sentiero tortuoso del coniglio.
Entonces, cuando Buck dobló una curva, el conejo fantasmal estaba frente a él.
Poi, mentre Buck svoltava dietro una curva, il coniglio spettrale si trovò davanti a lui.
Vio una segunda figura saltar desde la orilla delante de la presa.
Vide una seconda figura balzare dalla riva precedendo la preda.
La figura era Spitz, aterrizando justo en el camino del conejo que huía.
La figura era Spitz, atterrato proprio sulla traiettoria del coniglio in fuga.
El conejo no pudo girar y se encontró con las fauces de Spitz en el aire.

Il coniglio non riuscì a girarsi e incontrò le fauci di Spitz a mezz'aria.

La columna vertebral del conejo se rompió con un chillido tan agudo como el grito de un humano moribundo.

La spina dorsale del coniglio si spezzò con un grido acuto come il grido di un essere umano morente.

Ante ese sonido, la caída de la vida a la muerte, la manada aulló fuerte.

A quel suono, il passaggio dalla vita alla morte, il branco ululò forte.

Un coro salvaje se elevó detrás de Buck, lleno de oscuro deleite.

Un coro selvaggio si levò da dietro Buck, pieno di oscura gioia.

Buck no emitió ningún grito ni sonido y se lanzó directamente hacia Spitz.

Buck non emise alcun grido, nessun suono e si lanciò dritto verso Spitz.

Apuntó a la garganta, pero en lugar de eso golpeó el hombro.

Mirò alla gola, ma colpì invece la spalla.

Cayeron sobre la nieve blanda; sus cuerpos trabados en combate.

Caddero nella neve soffice, i loro corpi erano intrappolati in un combattimento.

Spitz se levantó rápidamente, como si nunca lo hubieran derribado.

Spitz balzò in piedi rapidamente, come se non fosse mai stato atterrato.

Cortó el hombro de Buck y luego saltó para alejarse de la pelea.

Colpì Buck alla spalla e poi balzò fuori dalla mischia.

Sus dientes chasquearon dos veces como trampas de acero y sus labios se curvaron y fueron feroces.

Per due volte i suoi denti schioccarono come trappole d'acciaio, e le sue labbra si arricciarono e si fecero feroci.

Retrocedió lentamente, buscando terreno firme bajo sus pies.

Arretrò lentamente, cercando un terreno solido sotto i piedi.
Buck comprendió el momento instantánea y completamente.
Buck comprese il momento all'istante e pienamente.
Había llegado el momento; la lucha iba a ser una lucha a muerte.
Il momento era giunto: la lotta sarebbe stata una lotta all'ultimo sangue.
Los dos perros daban vueltas, gruñendo, con las orejas planas y los ojos entrecerrados.
I due cani giravano in cerchio, ringhiando, con le orecchie piatte e gli occhi socchiusi.
Cada perro esperaba que el otro mostrara debilidad o un paso en falso.
Ogni cane aspettava che l'altro mostrasse debolezza o facesse un passo falso.
Para Buck, la escena era inquietantemente conocida y recordada profundamente.
Buck percepiva quella scena come stranamente nota e profondamente ricordata.
El bosque blanco, la tierra fría, la batalla bajo la luz de la luna.
I boschi bianchi, la terra fredda, la battaglia al chiaro di luna.
Un pesado silencio llenó la tierra, profundo y antinatural.
Un silenzio pesante, profondo e innaturale riempiva la terra.
Ningún viento se agitó, ninguna hoja se movió, ningún sonido rompió la quietud.
Nessun vento si alzava, nessuna foglia si muoveva, nessun suono rompeva il silenzio.
El aliento de los perros se elevaba como humo en el aire helado y silencioso.
Il respiro dei cani si levava come fumo nell'aria gelida e silenziosa.
El conejo fue olvidado hace mucho tiempo por la manada de bestias salvajes.
Il coniglio era stato dimenticato da tempo dal branco di animali selvatici.

Estos lobos medio domesticados ahora permanecían quietos formando un amplio círculo.
Questi lupi semiaddomesticati ora stavano fermi in un ampio cerchio.

Estaban en silencio, sólo sus ojos brillantes revelaban su hambre.
Erano silenziosi, solo i loro occhi luminosi rivelavano la loro fame.

Su respiración se elevó mientras observaban cómo comenzaba la pelea final.
Il loro respiro saliva, mentre osservavano l'inizio dello scontro finale.

Para Buck, esta batalla era vieja y esperada, nada extraña.
Per Buck questa battaglia era vecchia e attesa, per niente strana.

Parecía el recuerdo de algo que siempre estuvo destinado a suceder.
Era come il ricordo di qualcosa che doveva accadere da sempre.

Spitz era un perro de pelea entrenado, perfeccionado por innumerables peleas salvajes.
Spitz era un cane da combattimento addestrato, affinato da innumerevoli risse selvagge.

Desde Spitzbergen hasta Canadá, había vencido a muchos enemigos.
Dallo Spitzbergen al Canada, aveva sconfitto molti nemici.

Estaba lleno de furia, pero nunca dejó controlar la rabia.
Era pieno di rabbia, ma non cedette mai il controllo alla rabbia.

Su pasión era aguda, pero siempre templada por un duro instinto.
La sua passione era acuta, ma sempre temperata dal duro istinto.

Nunca atacó hasta que su propia defensa estuvo en su lugar.
Non ha mai attaccato finché non ha avuto la sua difesa pronta.

Buck intentó una y otra vez alcanzar el vulnerable cuello de Spitz.

Buck provò più volte a raggiungere il collo vulnerabile di Spitz.
Pero cada golpe era correspondido con un corte de los afilados dientes de Spitz.
Ma ogni colpo veniva accolto da un fendente dei denti affilati di Spitz.
Sus colmillos chocaron y ambos perros sangraron por los labios desgarrados.
Le loro zanne si scontrarono ed entrambi i cani sanguinarono dalle labbra lacerate.
No importaba cuánto se lanzara Buck, no podía romper la defensa.
Nonostante i suoi sforzi, Buck non riusciva a rompere la difesa.
Se puso más furioso y se abalanzó con salvajes ráfagas de poder.
Divenne sempre più furioso e si lanciò verso di lui con violente esplosioni di potenza.
Una y otra vez, Buck atacó la garganta blanca de Spitz.
Buck colpì ripetutamente la bianca gola di Spitz.
Cada vez que Spitz esquivaba el ataque, contraatacaba con un mordisco cortante.
Ogni volta Spitz schivava e contrattaccava con un morso tagliente.
Entonces Buck cambió de táctica y se abalanzó nuevamente hacia la garganta.
Poi Buck cambiò tattica, avventandosi di nuovo come se volesse colpirlo alla gola.
Pero él retrocedió a mitad del ataque y se giró para atacar desde un costado.
Ma a metà attacco si è ritirato, girandosi per colpire di lato.
Le lanzó el hombro a Spitz con la intención de derribarlo.
Colpì Spitz con una spallata, con l'intento di buttarlo a terra.
Cada vez que lo intentaba, Spitz lo esquivaba y contraatacaba con un corte.
Ogni volta che ci provava, Spitz lo schivava e rispondeva con un fendente.

El hombro de Buck se enrojeció cuando Spitz saltó después de cada golpe.
La spalla di Buck si faceva scorticare mentre Spitz si liberava dopo ogni colpo.
Spitz no había sido tocado, mientras que Buck sangraba por muchas heridas.
Spitz non era stato toccato, mentre Buck sanguinava dalle numerose ferite.
La respiración de Buck era rápida y pesada y su cuerpo estaba cubierto de sangre.
Il respiro di Buck era affannoso e pesante, il suo corpo era viscido di sangue.
La pelea se volvió más brutal con cada mordisco y embestida.
La lotta diventava più brutale a ogni morso e carica.
A su alrededor, sesenta perros silenciosos esperaban que cayera el primero.
Attorno a loro, sessanta cani silenziosi aspettavano che il primo cadesse.
Si un perro caía, la manada terminaría la pelea.
Se un cane fosse caduto, il branco avrebbe posto fine alla lotta.
Spitz vio que Buck se estaba debilitando y comenzó a presionar para atacar.
Spitz vide Buck indebolirsi e cominciò ad attaccare.
Mantuvo a Buck fuera de equilibrio, obligándolo a luchar para mantener el equilibrio.
Mantenne Buck sbilanciato, costringendolo a lottare per restare in piedi.
Una vez Buck tropezó y cayó, y todos los perros se levantaron.
Una volta Buck inciampò e cadde, e tutti i cani si rialzarono.
Pero Buck se enderezó a mitad de la caída y todos volvieron a caer.
Ma Buck si raddrizzò a metà caduta e tutti ricaddero.
Buck tenía algo poco común: una imaginación nacida de un instinto profundo.

Buck aveva qualcosa di raro: un'immaginazione nata da un profondo istinto.
Peleó con impulso natural, pero también peleó con astucia.
Combatté per istinto naturale, ma combatté anche con astuzia.
Cargó de nuevo como si repitiera su truco de ataque con el hombro.
Tornò ad attaccare come se volesse ripetere il trucco dell'attacco alla spalla.
Pero en el último segundo, se agachó y pasó por debajo de Spitz.
Ma all'ultimo secondo si abbassò e passò sotto Spitz.
Sus dientes se clavaron en la pata delantera izquierda de Spitz con un chasquido.
I suoi denti si bloccarono sulla zampa anteriore sinistra di Spitz con uno schiocco.
Spitz ahora estaba inestable, con su peso sobre sólo tres patas.
Spitz ora era instabile e il suo peso gravava solo su tre zampe.
Buck atacó de nuevo e intentó derribarlo tres veces.
Buck colpì di nuovo e tentò tre volte di atterrarlo.
En el cuarto intento utilizó el mismo movimiento con éxito.
Al quarto tentativo ha usato la stessa mossa con successo
Esta vez Buck logró morder la pata derecha de Spitz.
Questa volta Buck riuscì a mordere la zampa destra di Spitz.
Spitz, aunque lisiado y en agonía, siguió luchando por sobrevivir.
Spitz, benché storpio e in agonia, continuò a lottare per sopravvivere.
Vio que el círculo de huskies se estrechaba, con las lenguas afuera y los ojos brillantes.
Vide il cerchio degli husky stringersi, con le lingue fuori e gli occhi luminosi.
Esperaron para devorarlo, tal como habían hecho con los otros.
Aspettarono di divorarlo, proprio come avevano fatto con gli altri.
Esta vez, él estaba en el centro; derrotado y condenado.

Questa volta era lui al centro, sconfitto e condannato.
Ya no había opción de escapar para el perro blanco.
Ormai il cane bianco non aveva più alcuna possibilità di fuga.
Buck no mostró piedad, porque la piedad no pertenecía a la naturaleza.
Buck non mostrò alcuna pietà, perché la pietà non era a posto nella natura selvaggia.
Buck se movió con cuidado, preparándose para la carga final.
Buck si mosse con cautela, preparandosi per la carica finale.
El círculo de perros esquimales se cerró; sintió sus respiraciones cálidas.
Il cerchio degli husky si stringeva; lui sentiva i loro respiri caldi.
Se agacharon, preparados para saltar cuando llegara el momento.
Si accovacciarono, pronti a scattare quando fosse giunto il momento.
Spitz temblaba en la nieve, gruñendo y cambiando su postura.
Spitz tremava nella neve, ringhiando e cambiando posizione.
Sus ojos brillaban, sus labios se curvaron y sus dientes brillaron en una amenaza desesperada.
I suoi occhi brillavano, le labbra si arricciavano, i denti brillavano in un'espressione disperata e minacciosa.
Se tambaleó, todavía intentando contener el frío mordisco de la muerte.
Barcollò, cercando ancora di resistere al freddo morso della morte.
Ya había visto esto antes, pero siempre desde el lado ganador.
Aveva già visto situazioni simili, ma sempre dalla parte dei vincitori.
Ahora estaba en el bando perdedor; el derrotado; la presa; la muerte.
Ora era dalla parte perdente; lo sconfitto; la preda; la morte.

Buck voló en círculos para asestar el golpe final, mientras el círculo de perros se acercaba cada vez más.
Buck si preparò al colpo finale, mentre il cerchio dei cani si faceva sempre più stretto.
Podía sentir sus respiraciones calientes; listas para matar.
Poteva sentire i loro respiri caldi; erano pronti a uccidere.
Se hizo un silencio absoluto, todo estaba en su lugar, el tiempo se había detenido.
Calò il silenzio; tutto era al suo posto; il tempo si era fermato.
Incluso el aire frío entre ellos se congeló por un último momento.
Persino l'aria fredda tra loro si congelò per un ultimo istante.
Sólo Spitz se movió, intentando contener su amargo final.
Soltanto Spitz si mosse, cercando di trattenere la sua fine amara.
El círculo de perros se iba cerrando a su alrededor, tal como era su destino.
Il cerchio dei cani si stava stringendo attorno a lui, come era suo destino.
Ahora estaba desesperado, sabiendo lo que estaba a punto de suceder.
Ora era disperato, sapendo cosa stava per accadere.
Buck saltó y hombro con hombro chocó una última vez.
Buck balzò dentro e la sua spalla incontrò la sua spalla per l'ultima volta.
Los perros se lanzaron hacia adelante, cubriendo a Spitz en la oscuridad nevada.
I cani si lanciarono in avanti, nascondendo Spitz nell'oscurità della neve.
Buck observaba, erguido, vencedor en un mundo salvaje.
Buck osservava, eretto e fiero; il vincitore in un mondo selvaggio.
La bestia primordial dominante había cometido su asesinato, y fue bueno.
La bestia primordiale dominante aveva fatto la sua uccisione, e la aveva fatta bene.

Aquel que ha alcanzado la maestría
Colui che ha conquistato la maestria

¿Eh? ¿Qué dije? Digo la verdad cuando digo que Buck es un demonio.
"Eh? Cosa ho detto? Dico la verità quando dico che Buck è un diavolo."

François dijo esto a la mañana siguiente después de descubrir que Spitz había desaparecido.
François raccontò questo la mattina dopo aver scoperto la scomparsa di Spitz.

Buck permaneció allí, cubierto de heridas por la feroz pelea.
Buck rimase lì, coperto di ferite causate dal violento combattimento.

François acercó a Buck al fuego y señaló las heridas.
François tirò Buck vicino al fuoco e indicò le ferite.

"Ese Spitz peleó como Devik", dijo Perrault, mirando los profundos cortes.
«Quello Spitz ha combattuto come il Devik», disse Perrault, osservando i profondi tagli.

—Y ese Buck peleó como dos demonios —respondió François inmediatamente.
«E quel Buck si batteva come due diavoli», rispose subito François.

"Ahora iremos a buen ritmo; no más Spitz, no más problemas".
"Ora faremo buon passo; niente più Spitz, niente più guai."

Perrault estaba empacando el equipo y cargando el trineo con cuidado.
Perrault stava preparando l'attrezzatura e caricò la slitta con cura.

François enjaezó a los perros para prepararlos para la carrera del día.
François bardò i cani per prepararli alla corsa della giornata.

Buck trotó directamente a la posición de liderazgo que alguna vez ocupó Spitz.

Buck trotterellò dritto verso la posizione di testa, precedentemente occupata da Spitz.
Pero François, sin darse cuenta, condujo a Solleks hacia el frente.
Ma François, senza accorgersene, condusse Solleks in prima linea.
A juicio de François, Solleks era ahora el mejor perro guía.
Secondo François, Solleks era ora il miglior cane da corsa.
Buck se abalanzó furioso sobre Solleks y lo hizo retroceder en protesta.
Buck si scagliò furioso contro Solleks e lo respinse indietro in segno di protesta.
Se situó en el mismo lugar que una vez estuvo Spitz, ocupando la posición de liderazgo.
Si fermò dove un tempo si era fermato Spitz, rivendicando la posizione di comando.
—¿Eh? ¿Eh? —gritó François, dándose palmadas en los muslos, divertido.
"Eh? Eh?" esclamò François, dandosi una pacca sulle cosce divertito.
—Mira a Buck. Mató a Spitz y ahora quiere aceptar el trabajo.
"Guarda Buck: ha ucciso Spitz, ora vuole prendersi il posto!"
—¡Vete, Chook! —gritó, intentando ahuyentar a Buck.
"Vattene via, Chook!" urlò, cercando di scacciare Buck.
Pero Buck se negó a moverse y se mantuvo firme en la nieve.
Ma Buck si rifiutò di muoversi e rimase immobile nella neve.
François agarró a Buck por la nuca y lo arrastró a un lado.
François afferrò Buck per la collottola e lo trascinò da parte.
Buck gruñó bajo y amenazante, pero no atacó.
Buck ringhiò basso e minaccioso, ma non attaccò.
François puso a Solleks de nuevo en cabeza, intentando resolver la disputa.
François rimette Solleks in testa, cercando di risolvere la disputa
El perro viejo mostró miedo de Buck y no quería quedarse.
Il vecchio cane mostrò paura di Buck e non voleva restare.

Cuando François le dio la espalda, Buck expulsó nuevamente a Solleks.
Quando François gli voltò le spalle, Buck scacciò di nuovo Solleks.

Solleks no se resistió y se hizo a un lado silenciosamente una vez más.
Solleks non oppose resistenza e si fece di nuovo da parte in silenzio.

François se enojó y gritó: "¡Por Dios, te arreglo!"
François si arrabbiò e urlò: "Per Dio, ti sistemo!"

Se acercó a Buck sosteniendo un pesado garrote en su mano.
Si avvicinò a Buck tenendo in mano una pesante mazza.

Buck recordaba bien al hombre del suéter rojo.
Buck ricordava bene l'uomo con il maglione rosso.

Se retiró lentamente, observando a François, pero gruñendo profundamente.
Si ritirò lentamente, osservando François ma ringhiando profondamente.

No se apresuró a regresar, incluso cuando Solleks ocupó su lugar.
Non si affrettò a tornare indietro, nemmeno quando Solleks si mise al suo posto.

Buck voló en círculos fuera de su alcance, gruñendo con furia y protesta.
Buck si girò in cerchio, appena fuori dalla sua portata, ringhiando furioso e protestando.

Mantuvo la vista fija en el palo, dispuesto a esquivarlo si François lanzaba.
Teneva gli occhi fissi sulla mazza, pronto a schivare il colpo se François l'avesse lanciata.

Se había vuelto sabio y cauteloso en cuanto a las costumbres de los hombres con armas.
Era diventato saggio e cauto nei confronti degli uomini che maneggiavano le armi.

François se dio por vencido y llamó a Buck nuevamente a su antiguo lugar.

François si arrese e chiamò di nuovo Buck al suo vecchio posto.
Pero Buck retrocedió con cautela, negándose a obedecer la orden.
Ma Buck fece un passo indietro con cautela, rifiutandosi di obbedire all'ordine.
François lo siguió, pero Buck sólo retrocedió unos pasos más.
François lo seguì, ma Buck indietreggiò solo di pochi passi.
Después de un tiempo, François arrojó el arma al suelo, frustrado.
Dopo un po' François gettò a terra l'arma, frustrato.
Pensó que Buck tenía miedo de que le dieran una paliza y que iba a venir sin hacer mucho ruido.
Pensava che Buck avesse paura di essere picchiato e che avrebbe fatto lo stesso senza far rumore.
Pero Buck no estaba evitando el castigo: estaba luchando por su rango.
Ma Buck non stava evitando la punizione: stava lottando per ottenere un rango.
Se había ganado el puesto de perro líder mediante una pelea a muerte.
Si era guadagnato il posto di capobranco combattendo fino alla morte
No iba a conformarse con nada menos que ser el líder.
non si sarebbe accontentato di niente di meno che di essere il leader.

Perrault participó en la persecución para ayudar a atrapar al rebelde Buck.
Perrault si unì all'inseguimento per aiutare a catturare il ribelle Buck.
Juntos lo hicieron correr alrededor del campamento durante casi una hora.
Insieme lo portarono in giro per l'accampamento per quasi un'ora.
Le lanzaron garrotes, pero Buck los esquivó hábilmente.

Gli scagliarono contro dei bastoni, ma Buck li schivò abilmente uno per uno.
Lo maldijeron a él, a sus padres, a sus descendientes y a cada cabello que tenía.
Maledissero lùi, i suoi antenati, i suoi discendenti e ogni suo capello.
Pero Buck sólo gruñó y se quedó fuera de su alcance.
Ma Buck si limitò a ringhiare e a restare appena fuori dalla loro portata.
Nunca intentó huir, sino que rodeó el campamento deliberadamente.
Non cercò mai di scappare, ma continuò a girare intorno all'accampamento deliberatamente.
Dejó claro que obedecería una vez que le dieran lo que quería.
Disse chiaramente che avrebbe obbedito una volta ottenuto ciò che voleva.
François finalmente se sentó y se rascó la cabeza con frustración.
Alla fine François si sedette e si grattò la testa, frustrato.
Perrault miró su reloj, maldijo y murmuró algo sobre el tiempo perdido.
Perrault controllò l'orologio, imprecò e borbottò qualcosa sul tempo perso.
Ya había pasado una hora cuando debían estar en el sendero.
Era già trascorsa un'ora, mentre avrebbero dovuto essere sulle tracce.
François se encogió de hombros tímidamente y miró al mensajero, quien suspiró derrotado.
François alzò le spalle timidamente, guardando il corriere, che sospirò sconfitto.
Entonces François se acercó a Solleks y llamó a Buck una vez más.
Poi François si avvicinò a Solleks e chiamò ancora una volta Buck.
Buck se rió como se ríe un perro, pero mantuvo una distancia cautelosa.

Buck rise come ride un cane, ma mantenne una cauta distanza.
François le quitó el arnés a Solleks y lo devolvió a su lugar.
François tolse l'imbracatura a Solleks e lo rimise al suo posto.
El equipo de trineo estaba completamente arneses y solo había un lugar libre.
La squadra di slittini era completamente imbracata, con un solo posto libero.
La posición de liderazgo quedó vacía, claramente destinada solo para Buck.
La posizione di comando rimase vuota, chiaramente riservata solo a Buck.
François volvió a llamar, y nuevamente Buck rió y se mantuvo firme.
François chiamò di nuovo e di nuovo Buck rise e mantenne la sua posizione.
—Tira el garrote —ordenó Perrault sin dudarlo.
«Gettate giù la mazza», ordinò Perrault senza esitazione.
François obedeció y Buck inmediatamente trotó hacia adelante orgulloso.
François obbedì e Buck si lanciò subito avanti con orgoglio.
Se rió triunfante y asumió la posición de líder.
Rise trionfante e assunse la posizione di comando.
François aseguró sus correajes y el trineo se soltó.
François fissò le corde e la slitta si staccò.
Ambos hombres corrieron al lado del equipo mientras corrían hacia el sendero del río.
Entrambi gli uomini corsero fianco a fianco mentre la squadra si lanciava lungo il sentiero del fiume.
François tenía en alta estima a los "dos demonios" de Buck.
François aveva avuto una grande stima dei "due diavoli" di Buck,
Pero pronto se dio cuenta de que en realidad había subestimado al perro.
ma ben presto si rese conto di aver in realtà sottovalutato il cane.
Buck asumió rápidamente el liderazgo y trabajó con excelencia.

Buck assunse rapidamente la leadership e si comportò in modo eccellente.

En juicio, pensamiento rápido y acción veloz, Buck superó a Spitz.

Buck superò Spitz per capacità di giudizio, rapidità di pensiero e rapidità di azione.

François nunca había visto un perro igual al que Buck mostraba ahora.

François non aveva mai visto un cane pari a quello che Buck mostrava ora.

Pero Buck realmente sobresalía en imponer el orden e imponer respeto.

Ma Buck eccelleva davvero nel far rispettare l'ordine e nel imporre rispetto.

Dave y Solleks aceptaron el cambio sin preocupación ni protesta.

Dave e Solleks accettarono il cambiamento senza preoccupazioni o proteste.

Se concentraron únicamente en el trabajo y en tirar con fuerza de las riendas.

Si concentravano solo sul lavoro e tiravano forte le redini.

A ellos les importaba poco quién iba delante, siempre y cuando el trineo siguiera moviéndose.

A loro importava poco chi guidasse, purché la slitta continuasse a muoversi.

Billee, la alegre, podría haber liderado todo lo que a ellos les importaba.

Billee, quella allegra, avrebbe potuto comandare per quel che volevano.

Lo que les importaba era la paz y el orden en las filas.

Ciò che contava per loro era la pace e l'ordine tra i ranghi.

El resto del equipo se había vuelto rebelde durante la decadencia de Spitz.

Il resto della squadra era diventato indisciplinato durante il declino di Spitz.

Se sorprendieron cuando Buck inmediatamente los puso en orden.
Rimasero scioccati quando Buck li riportò immediatamente all'ordine.
Pike siempre había sido perezoso y arrastraba los pies detrás de Buck.
Pike era sempre stato pigro e aveva sempre tergiversato dietro a Buck.
Pero ahora el nuevo liderazgo lo ha disciplinado severamente.
Ma ora è stato severamente disciplinato dalla nuova leadership.
Y rápidamente aprendió a aportar su granito de arena en el equipo.
E imparò rapidamente a dare il suo contributo alla squadra.
Al final del día, Pike trabajó más duro que nunca.
Alla fine della giornata, Pike lavorò più duramente che mai.
Esa noche en el campamento, Joe, el perro amargado, finalmente fue sometido.
Quella notte all'accampamento, Joe, il cane scontroso, fu finalmente domato.
Spitz no logró disciplinarlo, pero Buck no falló.
Spitz non era riuscito a disciplinarlo, ma Buck non aveva fallito.
Utilizando su mayor peso, Buck superó a Joe en segundos.
Sfruttando il suo peso maggiore, Buck sopraffece Joe in pochi secondi.
Mordió y golpeó a Joe hasta que gimió y dejó de resistirse.
Morse e picchiò Joe finché questi non si mise a piagnucolare e smise di opporre resistenza.
Todo el equipo mejoró a partir de ese momento.
Da quel momento in poi l'intera squadra migliorò.
Los perros recuperaron su antigua unidad y disciplina.
I cani ritrovarono la loro antica unità e disciplina.
En Rink Rapids, se unieron dos nuevos huskies nativos, Teek y Koona.

A Rink Rapids si sono uniti al gruppo due nuovi husky autoctoni, Teek e Koona.

El rápido entrenamiento que Buck les dio sorprendió incluso a François.

La rapidità con cui Buck li addestramento stupì perfino François.

"¡Nunca hubo un perro como ese Buck!" gritó con asombro.

"Non è mai esistito un cane come quel Buck!" esclamò stupito.

¡No, jamás! ¡Vale mil dólares, por Dios!

"No, mai! Vale mille dollari, per Dio!"

—¿Eh? ¿Qué dices, Perrault? —preguntó con orgullo.

"Eh? Che ne dici, Perrault?" chiese con orgoglio.

Perrault asintió en señal de acuerdo y revisó sus notas.

Perrault annuì in segno di assenso e controllò i suoi appunti.

Ya vamos por delante del cronograma y ganamos más cada día.

Siamo già in anticipo sui tempi e guadagniamo sempre di più ogni giorno.

El sendero estaba duro y liso, sin nieve fresca.

Il sentiero era compatto e liscio, senza neve fresca.

El frío era constante, rondando los cincuenta grados bajo cero durante todo el tiempo.

Il freddo era costante, con temperature che si aggiravano sempre sui cinquanta gradi sotto zero.

Los hombres cabalgaban y corrían por turnos para entrar en calor y ganar tiempo.

Per scaldarsi e guadagnare tempo, gli uomini si alternavano a cavallo e a correre.

Los perros corrían rápido, con pocas paradas y siempre avanzando.

I cani correvano veloci, fermandosi di rado, spingendosi sempre in avanti.

El río Thirty Mile estaba casi congelado y era fácil cruzarlo.

Il fiume Thirty Mile era per la maggior parte ghiacciato e facile da attraversare.

Salieron en un día lo que habían tardado diez días en llegar.

In un giorno realizzarono ciò che per arrivare aveva impiegato dieci giorni.
Hicieron una carrera de sesenta millas desde el lago Le Barge hasta White Horse.
Percorsero circa 96 chilometri dal lago Le Barge a White Horse.
A través de los lagos Marsh, Tagish y Bennett se movieron increíblemente rápido.
Si muovevano a velocità incredibile attraverso i laghi Marsh, Tagish e Bennett.
El hombre corriendo remolcado detrás del trineo por una cuerda.
L'uomo che correva veniva trainato dietro la slitta con una corda.
En la última noche de la segunda semana llegaron a su destino.
L'ultima notte della seconda settimana giunsero a destinazione.
Habían llegado juntos a la cima del Paso Blanco.
Insieme avevano raggiunto la cima del White Pass.
Descendieron al nivel del mar con las luces de Skaguay debajo de ellos.
Scesero fino al livello del mare, con le luci dello Skaguay sotto di loro.
Había sido una carrera que estableció un récord a través de kilómetros de desierto frío.
Era stata una corsa da record attraverso chilometri di fredda natura selvaggia.
Durante catorce días seguidos, recorrieron un promedio de cuarenta millas.
Per quattordici giorni di fila percorsero in media circa quaranta miglia.
En Skaguay, Perrault y François transportaban mercancías por la ciudad.
A Skaguay, Perrault e François trasportavano merci attraverso la città.

Fueron aplaudidos y la multitud admirada les ofreció muchas bebidas.
Furono applauditi e ricevettero numerose bevande dalla folla ammirata.
Los cazadores de perros y los trabajadores se reunieron alrededor del famoso equipo de perros.
I cacciatori di cani e gli operai si sono riuniti attorno alla famosa squadra cinofila.
Luego, los forajidos del oeste llegaron a la ciudad y sufrieron una derrota violenta.
Poi i fuorilegge del West giunsero in città e subirono una violenta sconfitta.
La gente pronto se olvidó del equipo y se centró en un nuevo drama.
La gente si dimenticò presto della squadra e si concentrò sul nuovo dramma.
Luego vinieron las nuevas órdenes que cambiaron todo de golpe.
Poi arrivarono i nuovi ordini che cambiarono tutto in un colpo.
François llamó a Buck y lo abrazó con orgullo entre lágrimas.
François chiamò Buck e lo abbracciò con orgoglio e lacrime.
Ese momento fue la última vez que Buck volvió a ver a François.
Quel momento fu l'ultima volta che Buck vide di nuovo François.
Como muchos hombres antes, tanto François como Perrault se habían ido.
Come molti altri uomini prima di lui, sia François che Perrault se n'erano andati.
Un mestizo escocés se hizo cargo de Buck y sus compañeros de equipo de perros de trineo.
Un meticcio scozzese si prese cura di Buck e dei suoi compagni di squadra con i cani da slitta.
Con una docena de otros equipos de perros, regresaron por el sendero hasta Dawson.

Con una dozzina di altre mute di cani, ritornarono lungo il sentiero fino a Dawson.
Ya no era una carrera rápida, solo un trabajo duro con una carga pesada cada día.
Non si trattava più di una corsa veloce, ma solo di un duro lavoro con un carico pesante ogni giorno.
Éste era el tren correo que llevaba noticias a los buscadores de oro cerca del Polo.
Si trattava del treno postale che portava notizie ai cercatori d'oro vicino al Polo.
A Buck no le gustaba el trabajo, pero lo soportaba bien y se enorgullecía de su esfuerzo.
Buck non amava il lavoro, ma lo sopportò bene, essendo orgoglioso del suo impegno.
Al igual que Dave y Solleks, Buck mostró devoción por cada tarea diaria.
Come Dave e Solleks, Buck dimostrava dedizione in ogni compito quotidiano.
Se aseguró de que cada uno de sus compañeros hiciera su parte.
Si è assicurato che tutti i suoi compagni di squadra dessero il massimo.
La vida en el sendero se volvió aburrida, repetida con la precisión de una máquina.
La vita sui sentieri divenne noiosa e si ripeteva con la precisione di una macchina.
Cada día parecía igual, una mañana se fundía con la siguiente.
Ogni giorno era uguale, una mattina si fondeva con quella successiva.
A la misma hora, los cocineros se levantaron para hacer fogatas y preparar la comida.
Alla stessa ora, i cuochi si alzarono per accendere il fuoco e preparare il cibo.
Después del desayuno, algunos abandonaron el campamento mientras otros enjaezaron los perros.

Dopo colazione alcuni lasciarono l'accampamento mentre altri attaccarono i cani.

Se pusieron en marcha antes de que la tenue señal del amanecer tocara el cielo.

Raggiunsero il sentiero prima che il pallido segnale dell'alba sfiorasse il cielo.

Por la noche se detenían para acampar, cada hombre con una tarea determinada.

Di notte si fermavano per accamparsi, e a ogni uomo veniva assegnato un compito.

Algunos montaron tiendas de campaña, otros cortaron leña y recogieron ramas de pino.

Alcuni montarono le tende, altri tagliarono la legna da ardere e raccolsero rami di pino.

Se llevaba agua o hielo a los cocineros para la cena.

Acqua o ghiaccio venivano portati ai cuochi per la cena serale.

Los perros fueron alimentados y esta fue la mejor parte del día para ellos.

I cani vennero nutriti e per loro quello fu il momento migliore della giornata.

Después de comer pescado, los perros se relajaron y descansaron cerca del fuego.

Dopo aver mangiato il pesce, i cani si rilassarono e oziarono vicino al fuoco.

Había otros cien perros en el convoy con los que mezclarse.

Nel convoglio c'erano un centinaio di altri cani con cui socializzare.

Muchos de esos perros eran feroces y rápidos para pelear sin previo aviso.

Molti di quei cani erano feroci e pronti a combattere senza preavviso.

Pero después de tres victorias, Buck dominó incluso a los luchadores más feroces.

Ma dopo tre vittorie, Buck riuscì a domare anche i combattenti più feroci.

Cuando Buck gruñó y mostró los dientes, se hicieron a un lado.

Ora, quando Buck ringhiò e mostrò i denti, loro si fecero da parte.

Quizás lo mejor de todo es que a Buck le encantaba tumbarse cerca de la fogata parpadeante.

Forse la cosa più bella di tutte era che a Buck piaceva sdraiarsi vicino al fuoco tremolante.

Se agachó con las patas traseras dobladas y las patas delanteras estiradas hacia adelante.

Si accovacciò, con le zampe posteriori ripiegate e quelle anteriori distese in avanti.

Levantó la cabeza mientras parpadeaba suavemente ante las llamas brillantes.

Teneva la testa sollevata e sbatteva dolcemente le palpebre verso le fiamme ardenti.

A veces recordaba la gran casa del juez Miller en Santa Clara.

A volte ricordava la grande casa del giudice Miller a Santa Clara.

Pensó en la piscina de cemento, en Ysabel y en el pug llamado Toots.

Pensò alla piscina di cemento, a Ysabel e al carlino di nome Toots.

Pero más a menudo recordaba el garrote del hombre del suéter rojo.

Ma più spesso si ricordava del bastone dell'uomo con il maglione rosso.

Recordó la muerte de Curly y su feroz batalla con Spitz.

Ricordava la morte di Curly e la sua feroce battaglia con Spitz.

También recordó la buena comida que había comido o con la que aún soñaba.

Ricordava anche il buon cibo che aveva mangiato o che ancora sognava.

Buck no sentía nostalgia: el cálido valle era distante e irreal.

Buck non aveva nostalgia di casa: la valle calda era lontana e irreale.

Los recuerdos de California ya no ejercían ninguna atracción sobre él.

I ricordi della California non avevano più alcun fascino su di lui.

Más fuertes que la memoria eran los instintos profundos en su linaje.

Più forti della memoria erano gli istinti radicati nella sua stirpe.

Los hábitos que una vez se habían perdido habían regresado, revividos por el camino y la naturaleza.

Le abitudini un tempo perdute erano tornate, ravvivate dal sentiero e dalla natura selvaggia.

Mientras Buck observaba la luz del fuego, a veces se convertía en otra cosa.

Mentre Buck osservava la luce del fuoco, a volte questa diventava qualcos'altro.

Vio a la luz del fuego otro fuego, más antiguo y más profundo que el actual.

Vide alla luce del fuoco un altro fuoco, più vecchio e più profondo di quello attuale.

Junto a ese otro fuego se agazapaba un hombre que no se parecía en nada al cocinero mestizo.

Accanto all'altro fuoco era accovacciato un uomo che non somigliava per niente al cuoco meticcio.

Esta figura tenía piernas cortas, brazos largos y músculos duros y anudados.

Questa figura aveva gambe corte, braccia lunghe e muscoli duri e contratti.

Su cabello era largo y enmarañado, y caía hacia atrás desde los ojos.

I suoi capelli erano lunghi e arruffati, e gli scendevano all'indietro a partire dagli occhi.

Hizo ruidos extraños y miró con miedo hacia la oscuridad.

Emetteva strani suoni e fissava l'oscurità con paura.

Sostenía agachado un garrote de piedra, firmemente agarrado con su mano larga y áspera.

Teneva bassa una mazza di pietra, stretta saldamente nella sua mano lunga e ruvida.

El hombre vestía poco: sólo una piel carbonizada que le colgaba por la espalda.
L'uomo indossava ben poco: solo una pelle carbonizzata che gli pendeva lungo la schiena.
Su cuerpo estaba cubierto de espeso vello en los brazos, el pecho y los muslos.
Il suo corpo era ricoperto da una folta peluria sulle braccia, sul petto e sulle cosce.
Algunas partes del cabello estaban enredadas en parches de pelaje áspero.
Alcune parti del pelo erano aggrovigliate e formavano chiazze di pelo ruvido.
No se mantenía erguido, sino inclinado hacia delante desde las caderas hasta las rodillas.
Non stava dritto, ma era piegato in avanti dai fianchi alle ginocchia.
Sus pasos eran elásticos y felinos, como si estuviera siempre dispuesto a saltar.
I suoi passi erano elastici e felini, come se fosse sempre pronto a scattare.
Había un estado de alerta agudo, como si viviera con miedo constante.
C'era una forte allerta, come se vivesse nella paura costante.
Este hombre anciano parecía esperar el peligro, ya sea que lo viera o no.
Quest'uomo anziano sembrava aspettarsi il pericolo, indipendentemente dal fatto che questo venisse visto o meno.
A veces, el hombre peludo dormía junto al fuego, con la cabeza metida entre las piernas.
A volte l'uomo peloso dormiva accanto al fuoco, con la testa tra le gambe.
Sus codos descansaban sobre sus rodillas, sus manos entrelazadas sobre su cabeza.
Teneva i gomiti sulle ginocchia e le mani giunte sopra la testa.
Como un perro, usó sus brazos peludos para protegerse de la lluvia que caía.

Come un cane, usava le sue braccia pelose per proteggersi dalla pioggia che cadeva.
Más allá de la luz del fuego, Buck vio dos brasas brillando en la oscuridad.
Oltre la luce del fuoco, Buck vide due carboni ardenti che ardevano nell'oscurità.
Siempre de dos en dos, eran los ojos de las bestias rapaces al acecho.
Sempre a due a due, erano gli occhi delle bestie da preda.
Escuchó cuerpos chocando contra la maleza y ruidos en la noche.
Sentì corpi che si infrangevano tra i cespugli e rumori provenienti dalla notte.
Acostado en la orilla del Yukón, parpadeando, Buck soñaba junto al fuego.
Sdraiato sulla riva dello Yukon, sbattendo le palpebre, Buck sognò accanto al fuoco.
Las vistas y los sonidos de ese mundo salvaje le ponían los pelos de punta.
Le immagini e i suoni di quel mondo selvaggio gli fecero rizzare i capelli.
El pelaje se le subió por la espalda, los hombros y el cuello.
La pelliccia gli si drizzò lungo la schiena, sulle spalle e sul collo.
Él gimió suavemente o emitió un gruñido bajo y profundo en su pecho.
Gemeva piano o emetteva un ringhio basso dal profondo del petto.
Entonces el cocinero mestizo gritó: "¡Oye, Buck, despierta!"
Allora il cuoco meticcio urlò: "Ehi, Buck, svegliati!"
El mundo de los sueños desapareció y la vida real regresó a los ojos de Buck.
Il mondo dei sogni svanì e la vera vita tornò agli occhi di Buck.
Iba a levantarse, estirarse y bostezar, como si acabara de despertar de una siesta.
Si sarebbe alzato, si sarebbe stiracchiato e avrebbe sbadigliato, come se si fosse svegliato da un pisolino.

El viaje fue duro, con el trineo del correo arrastrándose detrás de ellos.
Il viaggio era duro, con la slitta postale che li trascinava dietro.
Las cargas pesadas y el trabajo duro agotaban a los perros cada largo día.
Carichi pesanti e lavoro duro sfinivano i cani ogni lunga giornata.
Llegaron a Dawson delgados, cansados y necesitando más de una semana de descanso.
Arrivarono a Dawson magro, stanco e con bisogno di più di una settimana di riposo.
Pero sólo dos días después, emprendieron nuevamente el descenso por el Yukón.
Ma solo due giorni dopo ripartirono per lo Yukon.
Estaban cargados con más cartas destinadas al mundo exterior.
Erano carichi di altre lettere dirette al mondo esterno.
Los perros estaban exhaustos y los hombres se quejaban constantemente.
I cani erano esausti e gli uomini si lamentavano in continuazione.
La nieve caía todos los días, suavizando el camino y ralentizando los trineos.
Ogni giorno cadeva la neve, ammorbidendo il sentiero e rallentando le slitte.
Esto provocó que el tirón fuera más difícil y hubo más resistencia para los corredores.
Ciò rendeva la trazione più dura e aumentava la resistenza delle guide.
A pesar de eso, los pilotos fueron justos y se preocuparon por sus equipos.
Nonostante ciò, i piloti si sono dimostrati leali e hanno avuto cura delle loro squadre.
Cada noche, los perros eran alimentados antes de que los hombres pudieran comer.
Ogni notte, i cani venivano nutriti prima che gli uomini mangiassero.

Ningún hombre duerme sin antes revisar las patas de su propio perro.
Nessun uomo dormiva prima di controllare le zampe del proprio cane.
Aún así, los perros se fueron debilitando a medida que los kilómetros iban desgastando sus cuerpos.
Tuttavia, i cani diventavano sempre più deboli man mano che i chilometri consumavano i loro corpi.
Habían viajado mil ochocientas millas durante el invierno.
Avevano viaggiato per milleottocento miglia durante l'inverno.
Tiraron de trineos a lo largo de cada milla de esa brutal distancia.
Percorrevano ogni miglio di quella distanza brutale trainando le slitte.
Incluso los perros de trineo más resistentes sienten tensión después de tantos kilómetros.
Anche i cani da slitta più resistenti provano tensione dopo tanti chilometri.
Buck aguantó, mantuvo a su equipo trabajando y mantuvo la disciplina.
Buck tenne duro, fece sì che la sua squadra lavorasse e mantenne la disciplina.
Pero Buck estaba cansado, al igual que los demás en el largo viaje.
Ma Buck era stanco, proprio come gli altri durante il lungo viaggio.
Billee gemía y lloraba mientras dormía todas las noches sin falta.
Billee piagnucolava e piangeva nel sonno ogni notte, senza sosta.
Joe se volvió aún más amargado y Solleks se mantuvo frío y distante.
Joe diventò ancora più amareggiato e Solleks rimase freddo e distante.
Pero fue Dave quien sufrió más de todo el equipo.
Ma è stato Dave a soffrire di più di tutta la squadra.

Algo había ido mal dentro de él, aunque nadie sabía qué.
Qualcosa dentro di lui era andato storto, anche se nessuno sapeva cosa.
Se volvió más malhumorado y les gritaba a los demás con creciente enojo.
Divenne più lunatico e aggredì gli altri con rabbia crescente.
Cada noche iba directo a su nido, esperando ser alimentado.
Ogni notte andava dritto al suo nido, in attesa di essere nutrito.
Una vez que cayó, Dave no se levantó hasta la mañana.
Una volta a terra, Dave non si alzò più fino al mattino.
En las riendas, tirones o arranques repentinos le hacían gritar de dolor.
Sulle redini, gli improvvisi strattoni o sussulti lo facevano gridare di dolore.
Su conductor buscó la causa, pero no encontró heridos.
L'autista ha cercato di capirne la causa, ma non ha trovato ferite.
Todos los conductores comenzaron a observar a Dave y discutieron su caso.
Tutti gli autisti cominciarono a osservare Dave e a discutere del suo caso.
Hablaron durante las comidas y durante el último cigarrillo del día.
Parlarono durante i pasti e durante l'ultima sigaretta della giornata.
Una noche tuvieron una reunión y llevaron a Dave al fuego.
Una notte tennero una riunione e portarono Dave al fuoco.
Le apretaron y le palparon el cuerpo, y él gritaba a menudo.
Gli premevano e palpavano il corpo e lui gridava spesso.
Estaba claro que algo iba mal, aunque no parecía haber ningún hueso roto.
Era evidente che qualcosa non andava, anche se non sembrava esserci nessuna frattura.
Cuando llegaron a Cassiar Bar, Dave se estaba cayendo.
Quando arrivarono al Cassiar Bar, Dave stava cadendo.

El mestizo escocés pidió un alto y eliminó a Dave del equipo.
Il meticcio scozzese impose uno stop e rimosse Dave dalla squadra.
Sujetó a Solleks en el lugar de Dave, más cerca del frente del trineo.
Fissò Solleks al posto di Dave, il più vicino possibile alla parte anteriore della slitta.
Su intención era dejar que Dave descansara y corriera libremente detrás del trineo en movimiento.
Voleva lasciare che Dave riposasse e corresse libero dietro la slitta in movimento.
Pero incluso estando enfermo, Dave odiaba que lo sacaran del trabajo que había tenido.
Ma nonostante la malattia, Dave odiava che gli venisse tolto il lavoro che aveva ricoperto.
Gruñó y gimió cuando le quitaron las riendas del cuerpo.
Ringhiò e piagnucolò quando gli strapparono le redini dal corpo.
Cuando vio a Solleks en su lugar, lloró con el corazón roto.
Quando vide Solleks al suo posto, pianse disperato.
El orgullo por el trabajo en los senderos estaba profundamente arraigado en Dave, incluso cuando se acercaba la muerte.
L'orgoglio per il lavoro sui sentieri era profondo in Dave, anche quando la morte si avvicinava.
Mientras el trineo se movía, Dave se tambaleaba sobre la nieve blanda cerca del sendero.
Mentre la slitta si muoveva, Dave arrancava nella neve soffice vicino al sentiero.
Atacó a Solleks, mordiéndolo y empujándolo desde el costado del trineo.
Attaccò Solleks, mordendolo e spingendolo giù dal lato della slitta.
Dave intentó saltar al arnés y recuperar su lugar de trabajo.
Dave cercò di saltare nell'imbracatura e di riprendersi il suo posto di lavoro.

Gritó, se quejó y lloró, dividido entre el dolor y el orgullo por el trabajo.
Lui guaiva, si lamentava e piangeva, diviso tra il dolore e l'orgoglio del parto.
El mestizo usó su látigo para intentar alejar a Dave del equipo.
Il meticcio usò la frusta per cercare di allontanare Dave dalla squadra.
Pero Dave ignoró el látigo y el hombre no pudo golpearlo más fuerte.
Ma Dave ignorò la frustata e l'uomo non riuscì a colpirlo più forte.
Dave rechazó el camino más fácil detrás del trineo, donde la nieve estaba acumulada.
Dave rifiutò il sentiero più facile dietro la slitta, dove la neve era compatta.
En cambio, luchaba en la nieve profunda junto al sendero, en la miseria.
Invece, si ritrovò a lottare nella neve profonda, ai lati del sentiero, in preda alla miseria.
Finalmente, Dave se desplomó, quedó tendido en la nieve y aullando de dolor.
Alla fine Dave crollò, giacendo sulla neve e urlando di dolore.
Gritó cuando el largo tren de trineos pasó a su lado uno por uno.
Lanciò un grido mentre la lunga fila di slitte gli passava accanto una dopo l'altra.
Aún con las fuerzas que le quedaban, se levantó y tropezó tras ellos.
Tuttavia, con le poche forze che gli rimanevano, si alzò e barcollò dietro di loro.
Lo alcanzó cuando el tren se detuvo nuevamente y encontró su viejo trineo.
Quando il treno si fermò di nuovo, lo raggiunse e trovò la sua vecchia slitta.
Pasó junto a los otros equipos y se quedó de nuevo al lado de Solleks.

Superò con difficoltà le altre squadre e tornò a posizionarsi accanto a Solleks.

Cuando el conductor se detuvo para encender su pipa, Dave aprovechó su última oportunidad.

Mentre l'autista si fermava per accendere la pipa, Dave colse l'ultima occasione.

Cuando el conductor regresó y gritó, el equipo no avanzó.

Quando l'autista tornò e urlò, la squadra non avanzò.

Los perros habían girado la cabeza, confundidos por la parada repentina.

I cani avevano girato la testa, confusi dall'improvviso arresto.

El conductor también estaba sorprendido: el trineo no se había movido ni un centímetro hacia adelante.

Anche il conducente era scioccato: la slitta non si era mossa di un centimetro in avanti.

Llamó a los demás para que vinieran a ver qué había sucedido.

Chiamò gli altri perché venissero a vedere cosa era successo.

Dave había mordido las riendas de Solleks, rompiéndolas ambas.

Dave aveva masticato le redini di Solleks, spezzandole entrambe.

Ahora estaba de pie frente al trineo, nuevamente en su posición correcta.

Ora era di nuovo in piedi davanti alla slitta, nella sua giusta posizione.

Dave miró al conductor y le rogó en silencio que se mantuviera en el carril.

Dave alzò lo sguardo verso l'autista, implorandolo silenziosamente di restare al passo.

El conductor estaba desconcertado, sin saber qué hacer con el perro que luchaba.

L'autista era perplesso e non sapeva cosa fare per il cane in difficoltà.

Los otros hombres hablaron de perros que habían muerto al ser sacados a la calle.

Gli altri uomini parlavano di cani morti perché li avevano portati fuori.
Contaron sobre perros viejos o heridos cuyo corazón se rompió al ser abandonados.
Raccontavano di cani vecchi o feriti il cui cuore si era spezzato quando erano stati abbandonati.
Estuvieron de acuerdo en que era una misericordia dejar que Dave muriera mientras aún estaba en su arnés.
Concordarono che era un atto di misericordia lasciare che Dave morisse mentre era ancora imbrigliato.
Lo volvieron a sujetar al trineo y Dave tiró con orgullo.
Fu rimesso in sicurezza sulla slitta e Dave tirò con orgoglio.
Aunque a veces gritaba, trabajaba como si el dolor pudiera ignorarse.
Anche se a volte gridava, lavorava come se il dolore potesse essere ignorato.
Más de una vez se cayó y fue arrastrado antes de levantarse de nuevo.
Più di una volta cadde e fu trascinato prima di rialzarsi.
Un día, el trineo pasó por encima de él y desde ese momento empezó a cojear.
A un certo punto la slitta gli rotolò addosso e da quel momento in poi zoppicò.
Aún así, trabajó hasta llegar al campamento y luego se acostó junto al fuego.
Nonostante ciò, lavorò finché non raggiunse l'accampamento e poi si sdraiò accanto al fuoco.
Por la mañana, Dave estaba demasiado débil para viajar o incluso mantenerse en pie.
Al mattino Dave era troppo debole per muoversi o anche solo per stare in piedi.
En el momento de preparar el arnés, intentó alcanzar a su conductor con un esfuerzo tembloroso.
Al momento di allacciare l'imbracatura, cercò di raggiungere il suo autista con sforzi tremanti.
Se obligó a levantarse, se tambaleó y se desplomó sobre el suelo nevado.

Si sforzò di rialzarsi, barcollò e crollò sul terreno innevato.
Utilizando sus patas delanteras, arrastró su cuerpo hacia el área del arnés.
Utilizzando le zampe anteriori, trascinò il suo corpo verso la zona dell'imbracatura.
Avanzó poco a poco, centímetro a centímetro, hacia los perros de trabajo.
Si fece avanti, centimetro dopo centimetro, verso i cani da lavoro.
Sus fuerzas se acabaron, pero siguió avanzando en su último y desesperado esfuerzo.
Le forze gli cedettero, ma continuò a muoversi nel suo ultimo disperato tentativo.
Sus compañeros de equipo lo vieron jadeando en la nieve, todavía deseando unirse a ellos.
I suoi compagni di squadra lo videro ansimare nella neve, ancora desideroso di unirsi a loro.
Lo oyeron aullar de dolor mientras dejaban atrás el campamento.
Lo sentirono urlare di dolore mentre si lasciavano alle spalle l'accampamento.
Cuando el equipo desapareció entre los árboles, el grito de Dave resonó detrás de ellos.
Mentre la squadra svaniva tra gli alberi, il grido di Dave risuonava dietro di loro.
El tren de trineos se detuvo brevemente después de cruzar un tramo de bosque junto al río.
Il treno delle slitte si fermò brevemente dopo aver attraversato un tratto di fiume ricco di boschi.
El mestizo escocés caminó lentamente de regreso hacia el campamento que estaba detrás.
Il meticcio scozzese tornò lentamente verso l'accampamento alle sue spalle.
Los hombres dejaron de hablar cuando lo vieron salir del tren de trineos.
Gli uomini smisero di parlare quando lo videro scendere dal treno delle slitte.

Entonces un único disparo se oyó claro y nítido en el camino.
Poi un singolo colpo di pistola risuonò chiaro e netto attraverso il sentiero.
El hombre regresó rápidamente y ocupó su lugar sin decir palabra.
L'uomo tornò rapidamente e prese il suo posto senza dire una parola.
Los látigos crujieron, las campanas tintinearon y los trineos rodaron por la nieve.
Le fruste schioccavano, i campanelli tintinnavano e le slitte avanzavano sulla neve.
Pero Buck sabía lo que había sucedido... y todos los demás perros también.
Ma Buck sapeva cosa era successo, come tutti gli altri cani.

El trabajo de las riendas y el sendero
La fatica delle redini e del sentiero

Treinta días después de salir de Dawson, el Salt Water Mail llegó a Skaguay.
Trenta giorni dopo aver lasciato Dawson, la Salt Water Mail raggiunse Skaguay.
Buck y sus compañeros tomaron la delantera, llegando en lamentables condiciones.
Buck e i suoi compagni di squadra presero il comando e arrivarono in condizioni pietose.
Buck había bajado de ciento cuarenta a ciento quince libras.
Buck era sceso da 140 a 150 chili.
Los otros perros, aunque más pequeños, habían perdido aún más peso corporal.
Gli altri cani, sebbene più piccoli, avevano perso ancora più peso corporeo.
Pike, que antes fingía cojear, ahora arrastraba tras él una pierna realmente herida.
Pike, che una volta zoppicava fingendo, ora trascinava dietro di sé una gamba veramente ferita.
Solleks cojeaba mucho y Dub tenía un omóplato torcido.
Solleks zoppicava gravemente e Dub aveva una scapola slogata.
Todos los perros del equipo tenían las patas doloridas por las semanas que pasaron en el sendero helado.
Tutti i cani del team avevano i piedi doloranti a causa delle settimane trascorse sul sentiero ghiacciato.
Ya no tenían resorte en sus pasos, sólo un movimiento lento y arrastrado.
Non avevano più slancio nei loro passi, solo un movimento lento e trascinato.
Sus pies golpeaban el sendero con fuerza y cada paso añadía más tensión a sus cuerpos.
I loro piedi colpivano il sentiero con forza e ogni passo aggiungeva ulteriore sforzo al loro corpo.

No estaban enfermos, sólo agotados más allá de toda recuperación natural.
Non erano malati, erano solo stremati oltre ogni possibile guarigione naturale.
No era el cansancio de un día duro que se curaba con una noche de descanso.
Non si trattava della stanchezza di una giornata faticosa, curata con una notte di riposo.
Fue un agotamiento acumulado lentamente a lo largo de meses de esfuerzo agotador.
Era una stanchezza accumulata lentamente attraverso mesi di sforzi estenuanti.
No quedaban reservas de fuerza: habían agotado todas las que tenían.
Non era rimasta alcuna riserva di forze: avevano esaurito ogni energia a loro disposizione.
Cada músculo, fibra y célula de sus cuerpos estaba gastado y desgastado.
Ogni muscolo, fibra e cellula del loro corpo era consumato e usurato.
Y había una razón: habían recorrido dos mil quinientas millas.
E c'era un motivo: avevano percorso duemilacinquecento miglia.
Habían descansado sólo cinco días durante las últimas mil ochocientas millas.
Si erano riposati solo cinque giorni durante le ultime milleottocento miglia.
Cuando llegaron a Skaguay, parecían apenas capaces de mantenerse en pie.
Quando giunsero a Skaguay, sembrava che riuscissero a malapena a stare in piedi.
Se esforzaron por mantener las riendas tensas y permanecer delante del trineo.
Facevano fatica a tenere le redini strette e a restare davanti alla slitta.
En las bajadas sólo lograron evitar ser atropellados.

Nei pendii in discesa riuscivano solo a evitare di essere investiti.

"Sigan adelante, pobres pies doloridos", dijo el conductor mientras cojeaban.

"Continuate a marciare, poveri piedi doloranti", disse l'autista mentre zoppicavano.

"Este es el último tramo, luego todos tendremos un largo descanso, seguro".

"Questo è l'ultimo tratto, poi ci prenderemo tutti un lungo riposo, di sicuro."

"Un descanso verdaderamente largo", prometió mientras los observaba tambalearse hacia adelante.

"Un riposo davvero lungo", promise, guardandoli barcollare in avanti.

Los conductores esperaban que ahora tuvieran un descanso largo y necesario.

Gli autisti si aspettavano una lunga e necessaria pausa.

Habían recorrido mil doscientas millas con sólo dos días de descanso.

Avevano percorso milleduecento miglia con solo due giorni di riposo.

Por justicia y razón, sintieron que se habían ganado tiempo para relajarse.

Per correttezza e ragione, ritenevano di essersi guadagnati un po' di tempo per rilassarsi.

Pero eran demasiados los que habían llegado al Klondike y muy pocos los que se habían quedado en casa.

Ma troppi erano giunti nel Klondike e troppo pochi erano rimasti a casa.

Las cartas de las familias llegaron en masa, creando montañas de correo retrasado.

Le lettere delle famiglie continuavano ad arrivare, creando pile di posta in ritardo.

Llegaron órdenes oficiales: nuevos perros de la Bahía de Hudson tomarían el control.

Arrivarono gli ordini ufficiali: i nuovi cani della Hudson Bay avrebbero preso il sopravvento.

Los perros exhaustos, ahora llamados inútiles, debían ser eliminados.
I cani esausti, ormai considerati inutili, dovevano essere eliminati.
Como el dinero importaba más que los perros, los iban a vender a bajo precio.
Poiché i soldi erano più importanti dei cani, venivano venduti a basso prezzo.
Pasaron tres días más antes de que los perros sintieran lo débiles que estaban.
Passarono altri tre giorni prima che i cani si accorgessero di quanto fossero deboli.
En la cuarta mañana, dos hombres de Estados Unidos compraron todo el equipo.
La quarta mattina, due uomini provenienti dagli Stati Uniti acquistarono l'intera squadra.
La venta incluía todos los perros, además de sus arneses usados.
La vendita comprendeva tutti i cani e le loro imbracature usate.
Los hombres se llamaban entre sí "Hal" y "Charles" mientras completaban el trato.
Mentre concludevano l'affare, gli uomini si chiamavano tra loro "Hal" e "Charles".
Charles era un hombre de mediana edad, pálido, con labios flácidos y puntas de bigote feroces.
Charles era un uomo di mezza età, pallido, con labbra molli e folti baffi.
Hal era un hombre joven, de unos diecinueve años, que llevaba un cinturón lleno de cartuchos.
Hal era un giovane, forse diciannove anni, che indossava una cintura imbottita di cartucce.
El cinturón contenía un gran revólver y un cuchillo de caza, ambos sin usar.
Nella cintura erano contenuti un grosso revolver e un coltello da caccia, entrambi inutilizzati.

Esto demostró lo inexperto e inadecuado que era para la vida en el norte.
Dimostrava quanto fosse inesperto e inadatto alla vita nel Nord.
Ninguno de los dos pertenecía a la naturaleza; su presencia desafiaba toda razón.
Nessuno dei due uomini viveva in natura; la loro presenza sfidava ogni ragionevolezza.
Buck observó cómo el dinero intercambiaba manos entre el comprador y el agente.
Buck osservava lo scambio di denaro tra l'acquirente e l'agente.
Sabía que los conductores de trenes correos abandonaban su vida como el resto.
Sapeva che i conducenti dei treni postali stavano abbandonando la sua vita come tutti gli altri.
Siguieron a Perrault y a François, ahora desaparecidos sin posibilidad de recuperación.
Seguirono Perrault e François, ormai scomparsi.
Buck y el equipo fueron conducidos al descuidado campamento de sus nuevos dueños.
Buck e la squadra vennero condotti al disordinato accampamento dei loro nuovi proprietari.
La tienda se hundía, los platos estaban sucios y todo estaba desordenado.
La tenda cedeva, i piatti erano sporchi e tutto era in disordine.
Buck también notó que había una mujer allí: Mercedes, la esposa de Charles y hermana de Hal.
Anche Buck notò una donna lì: Mercedes, moglie di Charles e sorella di Hal.
Formaban una familia completa, aunque no eran aptos para el recorrido.
Formavano una famiglia completa, anche se erano tutt'altro che adatti al sentiero.
Buck observó nervioso cómo el trío comenzó a empacar los suministros.

Buck osservava nervosamente mentre il trio iniziava a impacchettare le provviste.

Trabajaron duro, pero sin orden: sólo alboroto y esfuerzos desperdiciados.
Lavoravano duro ma senza ordine, solo confusione e sforzi sprecati.

La tienda estaba enrollada hasta formar un volumen demasiado grande para el trineo.
La tenda era arrotolata fino a formare una sagoma ingombrante, decisamente troppo grande per la slitta.

Los platos sucios se empaquetaron sin limpiarlos ni secarlos.
I piatti sporchi venivano imballati senza essere stati né lavati né asciugati.

Mercedes revoloteaba por todos lados, hablando, corrigiendo y entrometiéndose constantemente.
Mercedes svolazzava in giro, parlando, correggendo e intromettendosi in continuazione.

Cuando le ponían un saco en el frente, ella insistía en que lo pusieran en la parte de atrás.
Quando le misero un sacco davanti, lei insistette perché lo mettesse dietro.

Metió la bolsa en el fondo y al siguiente momento la necesitó.
Mise il sacco in fondo e un attimo dopo ne ebbe bisogno.

De esta manera, el trineo fue desempaquetado nuevamente para alcanzar la bolsa específica.
Quindi la slitta venne disimballata di nuovo per raggiungere quella specifica borsa.

Cerca de allí, tres hombres estaban parados afuera de una tienda de campaña, observando cómo se desarrollaba la escena.
Lì vicino, tre uomini stavano fuori da una tenda e osservavano la scena che si svolgeva.

Sonrieron, guiñaron el ojo y sonrieron ante la evidente confusión de los recién llegados.
Sorrisero, ammiccarono e sogghignarono di fronte all'evidente confusione dei nuovi arrivati.

"Ya tienes una carga bastante pesada", dijo uno de los hombres.

"Hai già un carico parecchio pesante", disse uno degli uomini.

"No creo que debas llevar esa tienda de campaña, pero es tu elección".

"Non credo che dovresti portare quella tenda, ma la scelta è tua."

"¡Inimaginable!", exclamó Mercedes levantando las manos con desesperación.

"Impensabile!" esclamò Mercedes, alzando le mani in segno di disperazione.

"¿Cómo podría viajar sin una tienda de campaña donde refugiarme?"

"Come potrei viaggiare senza una tenda sotto cui dormire?"

"Es primavera, ya no volverás a ver el frío", respondió el hombre.

«È primavera, non vedrai più il freddo», rispose l'uomo.

Pero ella meneó la cabeza y ellos siguieron apilando objetos en el trineo.

Ma lei scosse la testa e loro continuarono ad accumulare oggetti sulla slitta.

La carga se elevó peligrosamente a medida que añadían los últimos elementos.

Il carico era pericolosamente alto mentre aggiungevano gli ultimi oggetti.

"¿Crees que el trineo se deslizará?" preguntó uno de los hombres con mirada escéptica.

"Pensi che la slitta andrà avanti?" chiese uno degli uomini con aria scettica.

"¿Por qué no debería?", replicó Charles con gran fastidio.

"E perché non dovrebbe?" ribatté Charles con netto fastidio.

—Está bien —dijo rápidamente el hombre, alejándose un poco de la ofensa.

"Oh, va bene", disse rapidamente l'uomo, evitando di offendersi.

"Solo me preguntaba, me pareció que tenía la parte superior demasiado pesada".

"Mi chiedevo solo: mi sembrava un po' troppo pesante nella parte superiore."

Charles se dio la vuelta y ató la carga lo mejor que pudo.
Charles si voltò e legò il carico meglio che poté.

Pero las ataduras estaban sueltas y el embalaje en general estaba mal hecho.
Ma le legature erano allentate e l'imballaggio nel complesso era fatto male.

"Claro, los perros tirarán de eso todo el día", dijo otro hombre con sarcasmo.
"Certo, i cani tireranno così tutto il giorno", disse sarcasticamente un altro uomo.

—Por supuesto —respondió Hal con frialdad, agarrando el largo palo del trineo.
«Certamente», rispose Hal freddamente, afferrando il lungo timone della slitta.

Con una mano en el poste, blandía el látigo con la otra.
Tenendo una mano sul palo, faceva roteare la frusta nell'altra.

"¡Vamos!", gritó. "¡Muévanse!", instando a los perros a empezar.
"Andiamo!" urlò. "Muovetevi!", incitando i cani a partire.

Los perros se inclinaron hacia el arnés y se tensaron durante unos instantes.
I cani si appoggiarono all'imbracatura e si sforzarono per qualche istante.

Entonces se detuvieron, incapaces de mover ni un centímetro el trineo sobrecargado.
Poi si fermarono, incapaci di spostare di un centimetro la slitta sovraccarica.

—¡Esos brutos perezosos! —gritó Hal, levantando el látigo para golpearlos.
"Quei fannulloni!" urlò Hal, alzando la frusta per colpirli.

Pero Mercedes entró corriendo y le arrebató el látigo de las manos a Hal.
Ma Mercedes si precipitò dentro e strappò la frusta dalle mani di Hal.

—Oh, Hal, no te atrevas a hacerles daño —gritó alarmada.

«Oh, Hal, non osare far loro del male», gridò allarmata.
"Prométeme que serás amable con ellos o no daré un paso más".
"Promettimi che sarai gentile con loro, altrimenti non farò un altro passo."
—No sabes nada de perros —le espetó Hal a su hermana.
"Non sai niente di cani", scattò Hal contro la sorella.
"Son perezosos y la única forma de moverlos es azotándolos".
"Sono pigri e l'unico modo per smuoverli è frustarli."
"Pregúntale a cualquiera, pregúntale a uno de esos hombres de allí si dudas de mí".
"Chiedi a chiunque, chiedi a uno di quegli uomini laggiù se dubiti di me."
Mercedes miró a los espectadores con ojos suplicantes y llorosos.
Mercedes guardò gli astanti con occhi imploranti e pieni di lacrime.
Su rostro mostraba lo profundamente que odiaba ver cualquier dolor.
Il suo viso rivelava quanto odiasse la vista di qualsiasi dolore.
"Están débiles, eso es todo", dijo un hombre. "Están agotados".
"Sono deboli, tutto qui", ha detto un uomo. "Sono sfiniti."
"Necesitan descansar, han trabajado demasiado tiempo sin descansar".
"Hanno bisogno di riposare: hanno lavorato troppo a lungo senza una pausa."
—Maldito sea el resto —murmuró Hal con el labio curvado.
«Che il resto sia maledetto», borbottò Hal arricciando il labbro.
Mercedes jadeó, visiblemente dolida por la grosera palabra que pronunció.
Mercedes sussultò, visibilmente addolorata per le parole volgari pronunciate da lui.
Aún así, ella se mantuvo leal y defendió instantáneamente a su hermano.

Ciononostante, lei rimase leale e difese immediatamente il fratello.

—No le hagas caso a ese hombre —le dijo a Hal—. Son nuestros perros.

"Non badare a quell'uomo", disse ad Hal. "Sono i nostri cani."

"Los conduces como mejor te parezca, haz lo que creas correcto".

"Li guidi come meglio credi: fai ciò che ritieni giusto."

Hal levantó el látigo y volvió a golpear a los perros sin piedad.

Hal sollevò la frusta e colpì di nuovo i cani senza pietà.

Se lanzaron hacia adelante, con el cuerpo agachado y los pies hundidos en la nieve.

Si lanciarono in avanti, con i corpi bassi e i piedi che affondavano nella neve.

Ponían toda su fuerza en tirar, pero el trineo no se movía.

Tutta la loro forza era concentrata nel traino, ma la slitta non si muoveva.

El trineo quedó atascado, como un ancla congelada en la nieve compacta.

La slitta rimase bloccata, come un'ancora congelata nella neve compatta.

Tras un segundo esfuerzo, los perros se detuvieron de nuevo, jadeando con fuerza.

Dopo un secondo tentativo, i cani si fermarono di nuovo, ansimando forte.

Hal levantó el látigo una vez más, justo cuando Mercedes interfirió nuevamente.

Hal sollevò di nuovo la frusta, proprio mentre Mercedes interferiva di nuovo.

Ella cayó de rodillas frente a Buck y abrazó su cuello.

Si lasciò cadere in ginocchio davanti a Buck e gli abbracciò il collo.

Las lágrimas llenaron sus ojos mientras le suplicaba al perro exhausto.

Le lacrime le riempivano gli occhi mentre implorava il cane esausto.

"Pobres queridos", dijo, "¿por qué no tiran más fuerte?"
"Poveri cari", disse, "perché non tirate più forte?"

"Si tiras, no te azotarán así".
"Se tiri, non verrai frustato così."

A Buck no le gustaba Mercedes, pero estaba demasiado cansado para resistirse a ella ahora.
A Buck non piaceva Mercedes, ma ormai era troppo stanco per resisterle.

Él aceptó sus lágrimas como una parte más de ese día miserable.
Lui accettò le sue lacrime come se fossero solo un'altra parte di quella giornata miserabile.

Uno de los hombres que observaban finalmente habló después de contener su ira.
Uno degli uomini che osservavano, dopo aver represso la rabbia, finalmente parlò.

"No me importa lo que les pase a ustedes, pero esos perros importan".
"Non mi interessa cosa succede a voi, ma quei cani sono importanti."

"Si quieres ayudar, suelta ese trineo: está congelado hasta la nieve".
"Se vuoi aiutare, stacca quella slitta: è ghiacciata e innevata."

"Presiona con fuerza el polo G, derecha e izquierda, y rompe el sello de hielo".
"Spingi con forza il palo della luce, a destra e a sinistra, e rompi il sigillo di ghiaccio."

Se hizo un tercer intento, esta vez siguiendo la sugerencia del hombre.
Fu fatto un terzo tentativo, questa volta seguendo il suggerimento dell'uomo.

Hal balanceó el trineo de un lado a otro, soltando los patines.
Hal fece oscillare la slitta da una parte all'altra, facendo staccare i pattini.

El trineo, aunque sobrecargado y torpe, finalmente avanzó con dificultad.

La slitta, benché sovraccarica e scomoda, alla fine sobbalzò in avanti.
Buck y los demás tiraron salvajemente, impulsados por una tormenta de latigazos.
Buck e gli altri tirarono selvaggiamente, spinti da una tempesta di frustate.
Cien metros más adelante, el sendero se curvaba y descendía hacia la calle.
Un centinaio di metri più avanti, il sentiero curvava e scendeva in pendenza verso la strada.
Se hubiera necesitado un conductor habilidoso para mantener el trineo en posición vertical.
Ci sarebbe voluto un guidatore esperto per tenere la slitta in posizione verticale.
Hal no era hábil y el trineo se volcó al girar en la curva.
Hal non era abile e la slitta si ribaltò mentre svoltava.
Las ataduras sueltas cedieron y la mitad de la carga se derramó sobre la nieve.
Le cinghie allentate cedettero e metà del carico si rovesciò sulla neve.
Los perros no se detuvieron; el trineo, más ligero, siguió volando de lado.
I cani non si fermarono; la slitta più leggera continuò a procedere su un fianco.
Enojados por el abuso y la pesada carga, los perros corrieron más rápido.
I cani, furiosi per i maltrattamenti e per il peso del carico, corsero più veloci.
Buck, furioso, echó a correr, con el equipo siguiéndolo detrás.
Buck, infuriato, si lanciò a correre, seguito dalla squadra.
Hal gritó "¡Guau! ¡Guau!", pero el equipo no le hizo caso.
Hal urlò "Whoa! Whoa!" ma la squadra non gli prestò attenzione.
Tropezó, cayó y fue arrastrado por el suelo por el arnés.
Inciampò, cadde e fu trascinato a terra dall'imbracatura.

El trineo volcado saltó sobre él mientras los perros corrían delante.
La slitta rovesciata lo travolse mentre i cani continuavano a correre avanti.
El resto de los suministros se dispersaron por la concurrida calle de Skaguay.
Il resto delle provviste è sparso lungo la trafficata strada di Skaguay.
La gente bondadosa se apresuró a detener a los perros y recoger el equipo.
Le persone di buon cuore si precipitarono a fermare i cani e a raccogliere l'attrezzatura.
También dieron consejos, contundentes y prácticos, a los nuevos viajeros.
Diedero anche consigli schietti e pratici ai nuovi viaggiatori.
"Si quieres llegar a Dawson, lleva la mitad de la carga y el doble de perros".
"Se vuoi raggiungere Dawson, prendi metà del carico e raddoppia i cani."
Hal, Charles y Mercedes escucharon, aunque no con entusiasmo.
Hal, Charles e Mercedes ascoltarono, anche se non con entusiasmo.
Instalaron su tienda de campaña y comenzaron a clasificar sus suministros.
Montarono la tenda e cominciarono a sistemare le loro provviste.
Salieron alimentos enlatados, lo que hizo reír a carcajadas a los espectadores.
Ne uscirono dei cibi in scatola, che fecero ridere a crepapelle gli astanti.
"¿Enlatado en el camino? Te morirás de hambre antes de que se derrita", dijo uno.
"Roba in scatola sul sentiero? Morirai di fame prima che si sciolga", disse uno.
¿Mantas de hotel? Mejor tíralas todas.
"Coperte d'albergo? Meglio buttarle via tutte."

"Si también deshazte de la tienda de campaña, aquí nadie lava los platos".
"Togli anche la tenda e qui nessuno laverà più i piatti."
¿Crees que estás viajando en un tren Pullman con sirvientes a bordo?
"Pensi di viaggiare su un treno Pullman con dei servitori a bordo?"
El proceso comenzó: todos los objetos inútiles fueron arrojados a un lado.
Il processo ebbe inizio: ogni oggetto inutile venne gettato da parte.
Mercedes lloró cuando sus maletas fueron vaciadas en el suelo nevado.
Mercedes pianse quando le sue borse furono svuotate sul terreno innevato.
Ella sollozaba por cada objeto que tiraba, uno por uno, sin pausa.
Singhiozzava per ogni oggetto buttato via, uno per uno, senza sosta.
Ella juró no dar un paso más, ni siquiera por diez Charleses.
Giurò di non fare un altro passo, nemmeno per dieci Charles.
Ella le rogó a cada persona cercana que le permitiera conservar sus cosas preciosas.
Pregò ogni persona vicina di lasciarle conservare le sue cose preziose.
Por último, se secó los ojos y comenzó a arrojar incluso la ropa más importante.
Alla fine si asciugò gli occhi e cominciò a gettare via anche i vestiti più importanti.
Cuando terminó con los suyos, comenzó a vaciar los suministros de los hombres.
Una volta terminato il suo, cominciò a svuotare le scorte degli uomini.
Como un torbellino, destrozó las pertenencias de Charles y Hal.
Come un turbine, fece a pezzi gli effetti personali di Charles e Hal.

Aunque la carga se redujo a la mitad, todavía era mucho más pesada de lo necesario.
Sebbene il carico fosse dimezzato, era comunque molto più pesante del necessario.

Esa noche, Charles y Hal salieron y compraron seis perros nuevos.
Quella notte, Charles e Hal uscirono e comprarono sei nuovi cani.

Estos nuevos perros se unieron a los seis originales, además de Teek y Koona.
Questi nuovi cani si unirono ai sei originali, più Teek e Koona.

Juntos formaron un equipo de catorce perros enganchados al trineo.
Insieme formarono una squadra di quattordici cani attaccati alla slitta.

Pero los nuevos perros no eran aptos y estaban mal entrenados para el trabajo con trineos.
Ma i nuovi cani erano inadatti e poco addestrati per il lavoro con la slitta.

Tres de los perros eran pointers de pelo corto y uno era un Terranova.
Tre dei cani erano cani da caccia a pelo corto, mentre uno era un Terranova.

Los dos últimos perros eran mestizos, sin ninguna raza ni propósito claros.
Gli ultimi due cani erano meticci senza alcuna razza o scopo ben definito.

No entendieron el camino y no lo aprendieron rápidamente.
Non capivano il percorso e non lo imparavano in fretta.

Buck y sus compañeros los miraron con desprecio y profunda irritación.
Buck e i suoi compagni li osservavano con disprezzo e profonda irritazione.

Aunque Buck les enseñó lo que no debían hacer, no podía enseñarles cuál era el deber.
Sebbene Buck insegnasse loro cosa non fare, non poteva insegnare loro il dovere.

No se adaptaron bien a la vida en senderos ni al tirón de las riendas y los trineos.
Non amavano la vita sui sentieri né la trazione delle redini e delle slitte.
Sólo los mestizos intentaron adaptarse, e incluso a ellos les faltó espíritu de lucha.
Soltanto i bastardi cercarono di adattarsi, e anche a loro mancava lo spirito combattivo.
Los demás perros estaban confundidos, debilitados y destrozados por su nueva vida.
Gli altri cani erano confusi, indeboliti e distrutti dalla loro nuova vita.
Con los nuevos perros desorientados y los viejos exhaustos, la esperanza era escasa.
Con i nuovi cani all'oscuro e i vecchi esausti, la speranza era flebile.
El equipo de Buck había recorrido dos mil quinientas millas de senderos difíciles.
La squadra di Buck aveva percorso duemilacinquecento miglia di sentiero accidentato.
Aún así, los dos hombres estaban alegres y orgullosos de su gran equipo de perros.
Ciononostante, i due uomini erano allegri e orgogliosi della loro grande squadra di cani.
Creían que viajaban con estilo, con catorce perros enganchados.
Pensavano di viaggiare con stile, con quattordici cani al seguito.
Habían visto trineos partir hacia Dawson y otros llegar desde allí.
Avevano visto delle slitte partire per Dawson e altre arrivarne.
Pero nunca habían visto uno tirado por tantos catorce perros.
Ma non ne avevano mai vista una trainata da ben quattordici cani.
Había una razón por la que equipos como ese eran raros en el desierto del Ártico.

C'era un motivo per cui squadre del genere erano rare nelle terre selvagge dell'Artico.
Ningún trineo podría transportar suficiente comida para alimentar a catorce perros durante el viaje.
Nessuna slitta poteva trasportare cibo sufficiente a sfamare quattordici cani per l'intero viaggio.
Pero Charles y Hal no lo sabían: habían hecho los cálculos.
Ma Charles e Hal non lo sapevano: avevano fatto i calcoli.
Planificaron la comida: tanta cantidad por perro, tantos días, y listo.
Hanno pianificato la razione di cibo: una certa quantità per cane, per un certo numero di giorni, fatta.
Mercedes miró sus figuras y asintió como si tuviera sentido.
Mercedes guardò i numeri e annuì come se avessero senso.
Todo le parecía muy sencillo, al menos en el papel.
Tutto le sembrava molto semplice, almeno sulla carta.

A la mañana siguiente, Buck guió al equipo lentamente por la calle nevada.
La mattina seguente, Buck guidò lentamente la squadra lungo la strada innevata.
No había energía ni espíritu en él ni en los perros detrás de él.
Non c'era né energia né spirito in lui e nei cani dietro di lui.
Estaban muertos de cansancio desde el principio: no les quedaban reservas.
Erano stanchi morti fin dall'inizio: non avevano più riserve.
Buck ya había hecho cuatro viajes entre Salt Water y Dawson.
Buck aveva già fatto quattro viaggi tra Salt Water e Dawson.
Ahora, enfrentado nuevamente el mismo desafío, no sentía nada más que amargura.
Ora, di fronte alla stessa pista, non provava altro che amarezza.
Su corazón no estaba en ello, ni tampoco el corazón de los otros perros.
Il suo cuore non c'era, e nemmeno quello degli altri cani.

Los nuevos perros eran tímidos y los huskies carecían de confianza.
I nuovi cani erano timidi e gli husky non si fidavano per niente.
Buck sintió que no podía confiar en estos dos hombres ni en su hermana.
Buck capì che non poteva fare affidamento su quei due uomini o sulla loro sorella.
No sabían nada y no mostraron señales de aprender en el camino.
Non sapevano nulla e non mostravano alcun segno di apprendimento lungo il percorso.
Estaban desorganizados y carecían de cualquier sentido de disciplina.
Erano disorganizzati e privi di qualsiasi senso di disciplina.
Les tomó media noche montar un campamento descuidado cada vez.
Ogni volta impiegavano metà della notte per allestire un accampamento malmesso.
Y la mitad de la mañana siguiente la pasaron otra vez jugueteando con el trineo.
E metà della mattina successiva la trascorsero di nuovo armeggiando con la slitta.
Al mediodía, a menudo se detenían simplemente para arreglar la carga desigual.
Spesso a mezzogiorno si fermavano solo per sistemare il carico irregolare.
Algunos días, viajaron menos de diez millas en total.
In alcuni giorni percorsero meno di dieci miglia in totale.
Otros días ni siquiera conseguían salir del campamento.
Altri giorni non riuscivano proprio ad abbandonare l'accampamento.
Nunca llegaron a cubrir la distancia alimentaria planificada.
Non sono mai riusciti a coprire la distanza alimentare prevista.
Como era de esperar, muy rápidamente se quedaron sin comida para los perros.
Come previsto, il cibo per i cani finì molto presto.

Empeoró las cosas sobrealimentándolos en los primeros días.
Nei primi tempi hanno peggiorato ulteriormente la situazione con l'eccesso di cibo.

Esto acercaba la hambruna con cada ración descuidada.
Ciò rendeva la carestia sempre più vicina, con ogni razione disattenta.

Los nuevos perros no habían aprendido a sobrevivir con muy poco.
I nuovi cani non avevano ancora imparato a sopravvivere con molto poco.

Comieron con hambre, con apetitos demasiado grandes para el camino.
Mangiarono avidamente, con un appetito troppo grande per il sentiero.

Al ver que los perros se debilitaban, Hal creyó que la comida no era suficiente.
Vedendo i cani indebolirsi, Hal pensò che il cibo non fosse sufficiente.

Duplicó las raciones, empeorando aún más el error.
Raddoppiò le razioni, peggiorando ulteriormente l'errore.

Mercedes añadió más problemas con lágrimas y suaves súplicas.
Mercedes aggravò il problema con le sue lacrime e le sue suppliche sommesse.

Cuando no pudo convencer a Hal, alimentó a los perros en secreto.
Quando non riuscì a convincere Hal, diede da mangiare ai cani di nascosto.

Ella robó de los sacos de pescado y se lo dio a sus espaldas.
Rubò il pesce dai sacchi e glielo diede alle spalle.

Pero lo que los perros realmente necesitaban no era más comida: era descanso.
Ma ciò di cui i cani avevano veramente bisogno non era altro cibo: era riposo.

Iban a poca velocidad, pero el pesado trineo aún seguía avanzando.

Nonostante la loro scarsa velocità, la pesante slitta continuava a procedere.
Ese peso solo les quitaba las fuerzas que les quedaban cada día.
Quel peso da solo esauriva ogni giorno le loro forze rimanenti.
Luego vino la etapa de desalimentación ya que los suministros escasearon.
Poi arrivò la fase della sottoalimentazione, quando le scorte scarseggiavano.
Una mañana, Hal se dio cuenta de que la mitad de la comida para perros ya había desaparecido.
Una mattina Hal si accorse che metà del cibo per cani era già finito.
Sólo habían recorrido una cuarta parte de la distancia total del recorrido.
Avevano percorso solo un quarto della distanza totale del sentiero.
No se podía comprar más comida por ningún precio que se ofreciera.
Non si poteva più comprare cibo, a qualunque prezzo.
Redujo las raciones de los perros por debajo de la ración diaria estándar.
Ridusse le porzioni dei cani al di sotto della razione giornaliera standard.
Al mismo tiempo, exigió viajes más largos para compensar las pérdidas.
Allo stesso tempo, chiese di viaggiare più a lungo per compensare la perdita.
Mercedes y Carlos apoyaron este plan, pero fracasaron en su ejecución.
Mercedes e Charles appoggiarono questo piano, ma fallirono nella sua realizzazione.
Su pesado trineo y su falta de habilidad hicieron que el avance fuera casi imposible.
La loro pesante slitta e la mancanza di abilità rendevano il progresso quasi impossibile.

Era fácil dar menos comida, pero imposible forzar más esfuerzo.
Era facile dare meno cibo, ma impossibile forzare uno sforzo maggiore.
No podían salir temprano ni tampoco viajar horas extras.
Non potevano partire prima, né viaggiare per ore extra.
No sabían cómo trabajar con los perros, ni tampoco ellos mismos.
Non sapevano come gestire i cani, e nemmeno loro stessi, a dire il vero.
El primer perro que murió fue Dub, el desafortunado pero trabajador ladrón.
Il primo cane a morire fu Dub, lo sfortunato ma laborioso ladro.
Aunque a menudo lo castigaban, Dub había hecho su parte sin quejarse.
Sebbene spesso punito, Dub aveva fatto la sua parte senza lamentarsi.
Su hombro lesionado empeoró sin cuidados ni necesidad de descanso.
La sua spalla ferita peggiorò se non ricevette cure adeguate e non ebbe bisogno di riposo.
Finalmente, Hal usó el revólver para acabar con el sufrimiento de Dub.
Alla fine, Hal usò la pistola per porre fine alle sofferenze di Dub.
Un dicho común afirma que los perros normales mueren con raciones para perros esquimales.
Un detto comune afferma che i cani normali muoiono se vengono nutriti con razioni di husky.
Los seis nuevos compañeros de Buck tenían sólo la mitad de la porción de comida del husky.
I sei nuovi compagni di Buck avevano ricevuto solo metà della quota di cibo riservata all'husky.
Primero murió el Terranova y después los tres bracos de pelo corto.

Il Terranova morì per primo, seguito dai tre cani da caccia a pelo corto.
Los dos mestizos resistieron más tiempo pero finalmente perecieron como el resto.
I due bastardi resistettero più a lungo ma alla fine morirono come gli altri.
Para entonces, todas las comodidades y la dulzura de Southland habían desaparecido.
Ormai tutti i comfort e la gentilezza del Southland erano scomparsi.
Las tres personas habían perdido los últimos vestigios de su educación civilizada.
Le tre persone avevano perso le ultime tracce della loro educazione civile.
Despojado de glamour y romance, el viaje al Ártico se volvió brutalmente real.
Spogliato di glamour e romanticismo, il viaggio nell'Artico è diventato brutalmente reale.
Era una realidad demasiado dura para su sentido de masculinidad y feminidad.
Era una realtà troppo dura per il loro senso di virilità e femminilità.
Mercedes ya no lloraba por los perros, ahora lloraba sólo por ella misma.
Mercedes non piangeva più per i cani, ma piangeva solo per se stessa.
Pasó su tiempo llorando y peleando con Hal y Charles.
Trascorreva il tempo piangendo e litigando con Hal e Charles.
Pelear era lo único que nunca estaban demasiado cansados para hacer.
Litigare era l'unica cosa per cui non si stancavano mai.
Su irritabilidad surgió de la miseria, creció con ella y la superó.
La loro irritabilità derivava dalla miseria, cresceva con essa e la superava.
La paciencia del camino, conocida por quienes trabajan y sufren con bondad, nunca llegó.

La pazienza del cammino, nota a coloro che faticano e soffrono con generosità, non è mai arrivata.

Esa paciencia que conserva dulce la palabra a pesar del dolor les era desconocida.

Quella pazienza che rende dolce la parola nonostante il dolore, era a loro sconosciuta.

No tenían ni un ápice de paciencia ni la fuerza que suponía sufrir con gracia.

Non avevano alcun briciolo di pazienza, nessuna forza derivante dalla sofferenza con grazia.

Estaban rígidos por el dolor: les dolían los músculos, los huesos y el corazón.

Erano irrigiditi dal dolore: dolori nei muscoli, nelle ossa e nel cuore.

Por eso se volvieron afilados de lengua y rápidos para usar palabras ásperas.

Per questo motivo, divennero taglienti nella lingua e pronti a pronunciare parole dure.

Cada día comenzaba y terminaba con voces enojadas y amargas quejas.

Ogni giorno iniziava e finiva con voci arrabbiate e lamentele amare.

Charles y Hal discutían cada vez que Mercedes les daba una oportunidad.

Charles e Hal litigavano ogni volta che Mercedes ne dava loro l'occasione.

Cada hombre creía que hacía más de lo que le correspondía en el trabajo.

Ogni uomo credeva di aver fatto più del dovuto.

Ninguno de los dos perdió la oportunidad de decirlo una y otra vez.

Nessuno dei due ha mai perso l'occasione di dirlo, ancora e ancora.

A veces Mercedes se ponía del lado de Charles, a veces del lado de Hal.

A volte Mercedes si schierava con Charles, a volte con Hal.

Esto dio lugar a una gran e interminable disputa entre los tres.
Ciò portò a una grande e infinita lite tra i tre.
Una disputa sobre quién debería cortar leña se salió de control.
La disputa su chi dovesse tagliare la legna da ardere divenne incontrollabile.
Pronto se nombraron padres, madres, primos y parientes muertos.
Ben presto vennero nominati padri, madri, cugini e parenti defunti.
Las opiniones de Hal sobre el arte o las obras de su tío se convirtieron en parte de la pelea.
Le opinioni di Hal sull'arte o sulle opere teatrali di suo zio divennero parte della lotta.
Las creencias políticas de Charles también entraron en el debate.
Anche le convinzioni politiche di Carlo entrarono nel dibattito.
Para Mercedes, incluso los chismes de la hermana de su marido parecían relevantes.
Per Mercedes, perfino i pettegolezzi della sorella del marito sembravano rilevanti.
Ella expresó sus opiniones sobre eso y sobre muchos de los defectos de la familia de Charles.
Espresse la sua opinione su questo e su molti dei difetti della famiglia di Charles.
Mientras discutían, el fuego permaneció apagado y el campamento medio montado.
Mentre discutevano, il fuoco rimase spento e l'accampamento mezzo allestito.
Mientras tanto, los perros permanecieron fríos y sin comida.
Nel frattempo i cani erano rimasti infreddoliti e senza cibo.
Mercedes tenía un motivo de queja que consideraba profundamente personal.
Mercedes nutriva un risentimento che considerava profondamente personale.

Se sintió maltratada como mujer, negándole sus privilegios de gentileza.
Si sentiva maltrattata in quanto donna e le venivano negati i suoi gentili privilegi.
Ella era bonita y dulce, y acostumbrada a la caballerosidad toda su vida.
Era carina e gentile, e per tutta la vita era stata abituata alla cavalleria.
Pero su marido y su hermano ahora la trataban con impaciencia.
Ma suo marito e suo fratello ora la trattavano con impazienza.
Su costumbre era actuar con impotencia y comenzaron a quejarse.
Aveva l'abitudine di comportarsi in modo impotente e loro cominciarono a lamentarsi.
Ofendida por esto, les hizo la vida aún más difícil.
Offesa da ciò, rese loro la vita ancora più difficile.
Ella ignoró a los perros e insistió en montar ella misma el trineo.
Ignorò i cani e insistette per guidare lei stessa la slitta.
Aunque parecía ligera de aspecto, pesaba ciento veinte libras.
Sebbene sembrasse esile, pesava centoventi libbre (circa quaranta chili).
Esa carga adicional era demasiado para los perros hambrientos y débiles.
Quel peso aggiuntivo era troppo per i cani affamati e deboli.
Aún así, ella cabalgó durante días, hasta que los perros se desplomaron en las riendas.
Nonostante ciò, continuò a cavalcare per giorni, finché i cani non crollarono nelle redini.
El trineo se detuvo y Charles y Hal le rogaron que caminara.
La slitta si fermò e Charles e Hal la implorarono di proseguire a piedi.
Ellos suplicaron y rogaron, pero ella lloró y los llamó crueles.

Loro la implorarono e la scongiurarono, ma lei pianse e li definì crudeli.

En una ocasión la sacaron del trineo con pura fuerza y enojo.
In un'occasione, la tirarono giù dalla slitta con pura forza e rabbia.

Nunca volvieron a intentarlo después de lo que pasó aquella vez.
Dopo quello che accadde quella volta non ci riprovarono più.

Ella se quedó flácida como un niño mimado y se sentó en la nieve.
Si accasciò come una bambina viziata e si sedette nella neve.

Ellos siguieron adelante, pero ella se negó a levantarse o seguirlos.
Continuarono a muoversi, ma lei si rifiutò di alzarsi o di seguirli.

Después de tres millas, se detuvieron, regresaron y la llevaron de regreso.
Dopo tre miglia si fermarono, tornarono indietro e la riportarono indietro.

La volvieron a cargar en el trineo, nuevamente usando la fuerza bruta.
La ricaricarono sulla slitta, usando ancora una volta la forza bruta.

En su profunda miseria, fueron insensibles al sufrimiento de los perros.
Nella loro profonda miseria, erano insensibili alla sofferenza dei cani.

Hal creía que uno debía endurecerse y forzar esa creencia a los demás.
Hal credeva che fosse necessario indurirsi e impose questa convinzione agli altri.

Primero intentó predicar su filosofía a su hermana.
Inizialmente ha cercato di predicare la sua filosofia a sua sorella

y luego, sin éxito, le predicó a su cuñado.
e poi, senza successo, predicò al cognato.

Tuvo más éxito con los perros, pero sólo porque los lastimaba.
Ebbe più successo con i cani, ma solo perché li ferì.
En Five Fingers, la comida para perros se quedó completamente sin comida.
Da Five Fingers, il cibo per cani è rimasto completamente vuoto.
Una vieja india desdentada vendió unas cuantas libras de cuero de caballo congelado
Una vecchia squaw sdentata vendette qualche chilo di pelle di cavallo congelata
Hal cambió su revólver por la piel de caballo seca.
Hal scambiò la sua pistola con la pelle di cavallo secca.
La carne había procedido de caballos hambrientos de ganaderos meses antes.
La carne proveniva dai cavalli affamati di allevatori di bovini, morti mesi prima.
Congelada, la piel era como hierro galvanizado: dura y incomestible.
Congelata, la pelle era come ferro zincato: dura e immangiabile.
Los perros tenían que masticar sin parar la piel para poder comérsela.
Per riuscire a mangiarla, i cani dovevano masticare la pelle senza sosta.
Pero las cuerdas correosas y el pelo corto no constituían apenas alimento.
Ma le corde coriacee e i peli corti non erano certo un nutrimento.
La mayor parte de la piel era irritante y no era alimento en ningún sentido estricto.
La maggior parte della pelle era irritante e non era cibo in senso stretto.
Y durante todo ese tiempo, Buck se tambaleaba al frente, como en una pesadilla.
E nonostante tutto, Buck barcollava davanti a tutti, come in un incubo.

Tiraba cuando podía, y cuando no, se quedaba tendido hasta que un látigo o un garrote lo levantaban.
Quando poteva, tirava; quando non poteva, restava lì finché non veniva sollevato dalla frusta o dal bastone.
Su fino y brillante pelaje había perdido toda la rigidez y brillo que alguna vez tuvo.
Il suo pelo fine e lucido aveva perso tutta la rigidità e la lucentezza di un tempo.
Su cabello colgaba lacio, enmarañado y cubierto de sangre seca por los golpes.
I suoi capelli erano flosci, spettinati e pieni di sangue rappreso a causa dei colpi.
Sus músculos se encogieron hasta convertirse en cuerdas y sus almohadillas de carne estaban todas desgastadas.
I suoi muscoli si ridussero a midolli e i cuscinetti di carne erano tutti consumati.
Cada costilla, cada hueso se veía claramente a través de los pliegues de la piel arrugada.
Ogni costola, ogni osso erano chiaramente visibili attraverso le pieghe della pelle rugosa.
Fue desgarrador, pero el corazón de Buck no podía romperse.
Fu straziante, ma il cuore di Buck non riuscì a spezzarsi.
El hombre del suéter rojo lo había probado y demostrado hacía mucho tiempo.
L'uomo con il maglione rosso lo aveva testato e dimostrato molto tempo prima.
Tal como sucedió con Buck, sucedió con el resto de sus compañeros de equipo.
Così come accadde a Buck, accadde anche a tutti i suoi compagni di squadra rimasti.
Eran siete en total, cada uno de ellos un esqueleto andante de miseria.
Ce n'erano sette in totale, ognuno uno scheletro ambulante di miseria.
Se habían vuelto insensibles a los latigazos y solo sentían un dolor distante.

Erano diventati insensibili alle fruste e sentivano solo un dolore distante.

Incluso la vista y el sonido les llegaban débilmente, como a través de una espesa niebla.

Anche la vista e i suoni li raggiungevano debolmente, come attraverso una fitta nebbia.

No estaban ni medio vivos: eran huesos con tenues chispas en su interior.

Non erano mezzi vivi: erano ossa con deboli scintille al loro interno.

Al detenerse, se desplomaron como cadáveres y sus chispas casi desaparecieron.

Una volta fermati, crollarono come cadaveri, con le scintille quasi del tutto spente.

Y cuando el látigo o el garrote volvían a golpear, las chispas revoloteaban débilmente.

E quando la frusta o il bastone colpivano di nuovo, le scintille sfarfallavano debolmente.

Entonces se levantaron, se tambalearon hacia adelante y arrastraron sus extremidades hacia delante.

Poi si alzarono, barcollarono in avanti e trascinarono le loro membra in avanti.

Un día el amable Billee se cayó y ya no pudo levantarse.

Un giorno il gentile Billee cadde e non riuscì più a rialzarsi.

Hal había cambiado su revólver, por lo que utilizó un hacha para matar a Billee.

Hal aveva scambiato la sua pistola con quella di Billee, così decise di ucciderla con un'ascia.

Lo golpeó en la cabeza, luego le cortó el cuerpo y se lo llevó arrastrado.

Lo colpì alla testa, poi gli tagliò il corpo e lo trascinò via.

Buck vio esto, y también los demás; sabían que la muerte estaba cerca.

Buck se ne accorse, e così fecero anche gli altri: sapevano che la morte era vicina.

Al día siguiente Koona se fue, dejando sólo cinco perros en el equipo hambriento.

Il giorno dopo Koona se ne andò, lasciando solo cinque cani nel gruppo affamato.

Joe, que ya no era malo, estaba demasiado perdido como para darse cuenta de gran cosa.

Joe, non più cattivo, era ormai troppo fuori di sé per rendersi conto di nulla.

Pike, que ya no fingía su lesión, estaba apenas consciente.

Pike, ormai non fingeva più di essere ferito, era appena cosciente.

Solleks, todavía fiel, lamentó no tener fuerzas para dar.

Solleks, ancora fedele, si rammaricava di non avere più la forza di dare.

Teek fue el que más perdió porque estaba más fresco, pero su rendimiento se estaba agotando rápidamente.

Teek fu battuto più di tutti perché era più fresco, ma stava calando rapidamente.

Y Buck, todavía a la cabeza, ya no mantenía el orden ni lo hacía cumplir.

E Buck, ancora in testa, non mantenne più l'ordine né lo fece rispettare.

Medio ciego por la debilidad, Buck siguió el rastro sólo por el tacto.

Mezzo accecato dalla debolezza, Buck seguì la pista solo a tentoni.

Era un hermoso clima primaveral, pero ninguno de ellos lo notó.

Era una bellissima primavera, ma nessuno di loro se ne accorse.

Cada día el sol salía más temprano y se ponía más tarde que el anterior.

Ogni giorno il sole sorgeva prima e tramontava più tardi.

A las tres de la mañana ya había amanecido; el crepúsculo duró hasta las nueve.

Alle tre del mattino era già spuntata l'alba; il crepuscolo durò fino alle nove.

Los largos días estuvieron llenos del resplandor del sol primaveral.

Le lunghe giornate erano illuminate dal sole primaverile.
El silencio fantasmal del invierno se había transformado en un cálido murmullo.
Il silenzio spettrale dell'inverno si era trasformato in un caldo mormorio.
Toda la tierra estaba despertando, viva con la alegría de los seres vivos.
Tutta la terra si stava svegliando, animata dalla gioia degli esseri viventi.
El sonido provenía de lo que había permanecido muerto e inmóvil durante el invierno.
Il suono proveniva da ciò che era rimasto morto e immobile per tutto l'inverno.
Ahora, esas cosas se movieron nuevamente, sacudiéndose el largo sueño helado.
Ora quelle cose si mossero di nuovo, scrollandosi di dosso il lungo sonno del gelo.
La savia subía a través de los oscuros troncos de los pinos que esperaban.
La linfa saliva attraverso i tronchi scuri dei pini in attesa.
Los sauces y los álamos brotan brillantes y jóvenes brotes en cada ramita.
Salici e pioppi tremuli fanno sbocciare giovani gemme luminose su ogni ramoscello.
Los arbustos y las enredaderas se vistieron de un verde fresco a medida que el bosque cobraba vida.
Arbusti e viti si tingono di un verde fresco mentre il bosco si anima.
Los grillos cantaban por la noche y los insectos se arrastraban bajo el sol del día.
Di notte i grilli cantavano e di giorno gli insetti strisciavano nella luce del sole.
Las perdices graznaban y los pájaros carpinteros picoteaban en lo profundo de los árboles.
Le pernici gridavano e i picchi picchiavano in profondità tra gli alberi.

Las ardillas parloteaban, los pájaros cantaban y los gansos graznaban al hablarles a los perros.
Gli scoiattoli chiacchieravano, gli uccelli cantavano e le oche starnazzavano per richiamare l'attenzione dei cani.
Las aves silvestres llegaron en grupos afilados, volando desde el sur.
Gli uccelli selvatici arrivavano a cunei affilati, volando in alto da sud.
De cada ladera llegaba la música de arroyos ocultos y caudalosos.
Da ogni pendio giungeva la musica di ruscelli nascosti e impetuosi.
Todas las cosas se descongelaron y se rompieron, se doblaron y volvieron a ponerse en movimiento.
Tutto si scongelava e si spezzava, si piegava e ricominciava a muoversi.
El Yukón se esforzó por romper las frías cadenas del hielo congelado.
Lo Yukon si sforzò di spezzare le fredde catene del ghiaccio ghiacciato.
El hielo se derritió desde abajo, mientras que el sol lo derritió desde arriba.
Il ghiaccio si scioglieva sotto, mentre il sole lo scioglieva dall'alto.
Se abrieron agujeros de aire, se abrieron grietas y algunos trozos cayeron al río.
Si aprirono dei buchi, si allargarono delle crepe e dei pezzi caddero nel fiume.
En medio de toda esta vida frenética y llameante, los viajeros se tambaleaban.
In mezzo a tutta questa vita sfrenata e sfrenata, i viaggiatori barcollavano.
Dos hombres, una mujer y una jauría de perros esquimales caminaban como muertos.
Due uomini, una donna e un branco di husky camminavano come morti.

Los perros caían, Mercedes lloraba, pero seguía montando el trineo.
I cani cadevano, Mercedes piangeva, ma continuava a guidare la slitta.
Hal maldijo débilmente y Charles parpadeó con los ojos llorosos.
Hal imprecò debolmente e Charles sbatté le palpebre con gli occhi lacrimanti.
Se toparon con el campamento de John Thornton junto a la desembocadura del río Blanco.
Si imbatterono nell'accampamento di John Thornton, nei pressi della foce del White River.
Cuando se detuvieron, los perros cayeron al suelo, como si todos hubieran muerto.
Quando si fermarono, i cani caddero a terra, come se fossero stati tutti colpiti a morte.
Mercedes se secó las lágrimas y miró a John Thornton.
Mercedes si asciugò le lacrime e guardò John Thornton.
Charles se sentó en un tronco, lenta y rígidamente, dolorido por el camino.
Charles si sedette su un tronco, lentamente e rigidamente, dolorante per il sentiero.
Hal habló mientras Thornton tallaba el extremo del mango de un hacha.
Hal parlava mentre Thornton intagliava l'estremità del manico di un'ascia.
Él tallaba madera de abedul y respondía con respuestas breves y firmes.
Tagliò il legno di betulla e rispose con frasi brevi e decise.
Cuando se le preguntó, dio consejos, seguro de que no serían seguidos.
Quando gli veniva chiesto, dava un consiglio, certo che non sarebbe stato seguito.
Hal explicó: "Nos dijeron que el hielo del sendero se estaba desprendiendo".
Hal spiegò: "Ci avevano detto che il ghiaccio lungo la pista si stava staccando".

Dijeron que nos quedáramos allí, pero llegamos a White River.

"Ci avevano detto che dovevamo restare fermi, ma siamo arrivati a White River."

Terminó con un tono burlón, como para proclamar la victoria en medio de las dificultades.

Concluse con un tono beffardo, come per cantare vittoria nelle difficoltà.

—Y te dijeron la verdad —respondió John Thornton a Hal en voz baja.

"E ti hanno detto la verità", rispose John Thornton a bassa voce ad Hal.

"El hielo puede ceder en cualquier momento; está a punto de desprenderse".

"Il ghiaccio potrebbe cedere da un momento all'altro: è pronto a staccarsi."

"Solo la suerte ciega y los tontos pudieron haber llegado tan lejos con vida".

"Solo la fortuna cieca e gli sciocchi avrebbero potuto arrivare vivi fin qui."

"Te lo digo directamente: no arriesgaría mi vida ni por todo el oro de Alaska".

"Te lo dico senza mezzi termini: non rischierei la vita per tutto l'oro dell'Alaska."

—Supongo que es porque no eres tonto —respondió Hal.

"Immagino che tu non sia uno stupido", rispose Hal.

—De todos modos, seguiremos hasta Dawson. —Desenrolló el látigo.

"Comunque, andiamo avanti con Dawson." Srotolò la frusta.

—¡Sube, Buck! ¡Hola! ¡Sube! ¡Vamos! —gritó con dureza.

"Sali, Buck! Ehi! Alzati! Forza!" urlò con voce roca.

Thornton siguió tallando madera, sabiendo que los tontos no escucharían razones.

Thornton continuò a intagliare, sapendo che gli sciocchi non volevano sentire ragioni.

Detener a un tonto era inútil, y dos o tres tontos no cambiaban nada.

Fermare uno stupido era inutile, e due o tre stupidi non cambiavano nulla.

Pero el equipo no se movió ante la orden de Hal.

Ma la squadra non si mosse al suono del comando di Hal.

A estas alturas, sólo los golpes podían hacerlos levantarse y avanzar.

Ormai solo i colpi potevano farli sollevare e avanzare.

El látigo golpeó una y otra vez a los perros debilitados.

La frusta schioccava ripetutamente sui cani indeboliti.

John Thornton apretó los labios con fuerza y observó en silencio.

John Thornton strinse forte le labbra e osservò in silenzio.

Solleks fue el primero en ponerse de pie bajo el látigo.

Solleks fu il primo a rialzarsi sotto la frusta.

Entonces Teek lo siguió, temblando. Joe gritó al tambalearse.

Poi Teek lo seguì, tremando. Joe urlò mentre barcollava.

Pike intentó levantarse, falló dos veces y finalmente se mantuvo en pie, tambaleándose.

Pike cercò di alzarsi, fallì due volte, poi alla fine si rialzò barcollando.

Pero Buck yacía donde había caído, sin moverse en absoluto este momento.

Ma Buck rimase lì dov'era caduto, senza muoversi affatto.

El látigo lo golpeaba una y otra vez, pero él no emitía ningún sonido.

La frusta lo colpì più volte, ma lui non emise alcun suono.

Él no se inmutó ni se resistió, simplemente permaneció quieto y en silencio.

Lui non sussultò né oppose resistenza, rimase semplicemente immobile e in silenzio.

Thornton se movió más de una vez, como si fuera a hablar, pero no lo hizo.

Thornton si mosse più di una volta, come per dire qualcosa, ma non lo fece.

Sus ojos se humedecieron y el látigo siguió golpeando contra Buck.

I suoi occhi si inumidirono, ma la frusta continuava a schioccare contro Buck.

Finalmente, Thornton comenzó a caminar lentamente, sin saber qué hacer.

Alla fine Thornton cominciò a camminare lentamente, incerto sul da farsi.

Era la primera vez que Buck fallaba y Hal se puso furioso.

Era la prima volta che Buck falliva e Hal si infuriò.

Dejó el látigo y en su lugar tomó el pesado garrote.

Gettò via la frusta e prese al suo posto il pesante manganello.

El palo de madera cayó con fuerza, pero Buck todavía no se levantó para moverse.

La mazza di legno colpì con violenza, ma Buck non si alzò per muoversi.

Al igual que sus compañeros de equipo, era demasiado débil, pero más que eso.

Come i suoi compagni di squadra, era troppo debole, ma non solo.

Buck había decidido no moverse, sin importar lo que sucediera después.

Buck aveva deciso di non muoversi, qualunque cosa accadesse.

Sintió algo oscuro y seguro flotando justo delante.

Sentì qualcosa di oscuro e sicuro incombere proprio davanti a sé.

Ese miedo se apoderó de él tan pronto como llegó a la orilla del río.

Quel terrore lo aveva colto non appena aveva raggiunto la riva del fiume.

La sensación no lo había abandonado desde que sintió el hielo fino bajo sus patas.

Quella sensazione non lo aveva abbandonato da quando aveva sentito il ghiaccio assottigliarsi sotto le zampe.

Algo terrible lo esperaba; lo sintió más allá del camino.

Qualcosa di terribile lo stava aspettando: lo sentiva proprio lungo il sentiero.

No iba a caminar hacia esa cosa terrible que había delante.

Non avrebbe camminato verso quella cosa terribile davanti a lui

Él no iba a obedecer ninguna orden que lo llevara a esa cosa.

Non avrebbe obbedito a nessun ordine che lo avrebbe condotto a quella cosa.

El dolor de los golpes apenas lo afectaba ahora: estaba demasiado lejos.

Ormai il dolore dei colpi non lo sfiorava più: era troppo stanco.

La chispa de la vida parpadeaba débilmente y se apagaba bajo cada golpe cruel.

La scintilla della vita tremolava lentamente, affievolita da ogni colpo crudele.

Sus extremidades se sentían distantes; su cuerpo entero parecía pertenecer a otro.

Gli arti gli sembravano distanti; tutto il corpo sembrava appartenere a un altro.

Sintió un extraño entumecimiento mientras el dolor desapareció por completo.

Sentì uno strano torpore mentre il dolore scompariva completamente.

Desde lejos, sentía que lo golpeaban, pero apenas lo sabía.

Da lontano, sentiva che lo stavano picchiando, ma non se ne rendeva conto.

Podía oír los golpes débilmente, pero ya no dolían realmente.

Poteva udire debolmente i tonfi, ma ormai non gli facevano più male.

Los golpes dieron en el blanco, pero su cuerpo ya no parecía el suyo.

I colpi andarono a segno, ma il suo corpo non sembrava più il suo.

Entonces, de repente y sin previo aviso, John Thornton lanzó un grito salvaje.

Poi, all'improvviso, senza alcun preavviso, John Thornton lanciò un grido selvaggio.

Era un grito inarticulado, más el grito de una bestia que el de un hombre.
Era inarticolato, più il grido di una bestia che di un uomo.
Saltó hacia el hombre con el garrote y tiró a Hal hacia atrás.
Si lanciò sull'uomo con la mazza e fece cadere Hal all'indietro.
Hal voló como si lo hubiera golpeado un árbol y aterrizó con fuerza en el suelo.
Hal volò come se fosse stato colpito da un albero, atterrando pesantemente al suolo.
Mercedes gritó en pánico y se llevó las manos a la cara.
Mercedes urlò a gran voce in preda al panico e si portò le mani al viso.
Charles se limitó a mirar, se secó los ojos y permaneció sentado.
Charles si limitò a guardare, si asciugò gli occhi e rimase seduto.
Su cuerpo estaba demasiado rígido por el dolor para levantarse o ayudar en la pelea.
Il suo corpo era troppo irrigidito dal dolore per alzarsi o contribuire alla lotta.
Thornton se quedó de pie junto a Buck, temblando de furia, incapaz de hablar.
Thornton era in piedi davanti a Buck, tremante di rabbia, incapace di parlare.
Se estremeció de rabia y luchó por encontrar su voz a través de ella.
Tremava di rabbia e lottò per trovare la voce.
—Si vuelves a golpear a ese perro, te mataré —dijo finalmente.
"Se colpisci ancora quel cane, ti uccido", disse infine.
Hal se limpió la sangre de la boca y volvió a avanzar.
Hal si asciugò il sangue dalla bocca e tornò avanti.
—Es mi perro —murmuró—. ¡Quítate del medio o te curaré!
"È il mio cane", borbottò. "Togliti di mezzo o ti sistemo io."
"Voy a Dawson y no me lo vas a impedir", añadió.
"Vado da Dawson e tu non mi fermerai", ha aggiunto.
Thornton se mantuvo firme entre Buck y el joven enojado.

Thornton si fermò tra Buck e il giovane arrabbiato.
No tenía intención de hacerse a un lado o dejar pasar a Hal.
Non aveva alcuna intenzione di farsi da parte o di lasciar passare Hal.
Hal sacó su cuchillo de caza, largo y peligroso en la mano.
Hal tirò fuori il suo coltello da caccia, lungo e pericoloso nella sua mano.
Mercedes gritó, luego lloró y luego rió con una histeria salvaje.
Mercedes urlò, poi pianse, poi rise in preda a un'isteria selvaggia.
Thornton golpeó la mano de Hal con el mango de su hacha, fuerte y rápido.
Thornton colpì la mano di Hal con il manico dell'ascia, con forza e rapidità.
El cuchillo se soltó del agarre de Hal y voló al suelo.
Il coltello si liberò dalla presa di Hal e volò a terra.
Hal intentó recoger el cuchillo y Thornton volvió a golpearle los nudillos.
Hal cercò di raccogliere il coltello, ma Thornton gli batté di nuovo le nocche.
Entonces Thornton se agachó, agarró el cuchillo y lo sostuvo.
Poi Thornton si chinò, afferrò il coltello e lo tenne fermo.
Con dos rápidos golpes del mango del hacha, cortó las riendas de Buck.
Con due rapidi colpi del manico dell'ascia, tagliò le redini di Buck.
Hal ya no tenía fuerzas para luchar y se apartó del perro.
Hal non aveva più voglia di combattere e si allontanò dal cane.
Además, Mercedes necesitaba ahora ambos brazos para mantenerse erguida.
Inoltre, ora Mercedes aveva bisogno di entrambe le braccia per restare in piedi.
Buck estaba demasiado cerca de la muerte como para volver a ser útil para tirar de un trineo.
Buck era troppo vicino alla morte per poter nuovamente tirare la slitta.

Unos minutos después, se marcharon y se dirigieron río abajo.
Pochi minuti dopo, ripartirono, dirigendosi verso il fiume.
Buck levantó la cabeza débilmente y los observó mientras salían del banco.
Buck sollevò debolmente la testa e li guardò lasciare la banca.
Pike lideró el equipo, con Solleks en la parte trasera, al volante.
Pike guidava la squadra, con Solleks dietro al volante.
Joe y Teek caminaron entre ellos, ambos cojeando por el cansancio.
Joe e Teek camminavano in mezzo, zoppicando entrambi per la stanchezza.
Mercedes se sentó en el trineo y Hal agarró el largo palo.
Mercedes si sedette sulla slitta e Hal afferrò la lunga pertica.
Charles se tambaleó detrás, sus pasos torpes e inseguros.
Charles barcollava dietro di lui, con passi goffi e incerti.
Thornton se arrodilló junto a Buck y buscó con delicadeza los huesos rotos.
Thornton si inginocchiò accanto a Buck e tastò delicatamente per vedere se aveva ossa rotte.
Sus manos eran ásperas pero se movían con amabilidad y cuidado.
Le sue mani erano ruvide, ma si muovevano con gentilezza e cura.
El cuerpo de Buck estaba magullado pero no mostraba lesiones duraderas.
Il corpo di Buck era pieno di lividi, ma non presentava lesioni permanenti.
Lo que quedó fue un hambre terrible y una debilidad casi total.
Ciò che restava era una fame terribile e una debolezza quasi totale.
Cuando esto quedó claro, el trineo ya había avanzado mucho río abajo.
Quando la situazione fu più chiara, la slitta era già andata molto a valle.

El hombre y el perro observaron cómo el trineo se deslizaba lentamente sobre el hielo agrietado.
L'uomo e il cane osservavano la slitta avanzare lentamente sul ghiaccio che si rompeva.
Luego vieron que el trineo se hundía en un hueco.
Poi videro la slitta sprofondare in una cavità.
El mástil voló hacia arriba, con Hal todavía aferrándose a él en vano.
La pertica volò in alto, ma Hal vi si aggrappò ancora invano.
El grito de Mercedes les llegó a través de la fría distancia.
L'urlo di Mercedes li raggiunse attraverso la fredda distanza.
Charles se giró y dio un paso atrás, pero ya era demasiado tarde.
Charles si voltò e fece un passo indietro, ma era troppo tardi.
Una capa de hielo entera cedió y todos ellos cayeron al suelo.
Un'intera calotta di ghiaccio cedette e tutti precipitarono.
Los perros, los trineos y las personas desaparecieron en el agua negra que había debajo.
Cani, slitte e persone scomparvero nelle acque nere sottostanti.
En el hielo por donde habían pasado sólo quedaba un amplio agujero.
Nel punto in cui erano passati era rimasto solo un largo buco nel ghiaccio.
El sendero se había hundido por completo, tal como Thornton había advertido.
Il fondo del sentiero era crollato, proprio come aveva previsto Thornton.
Thornton y Buck se miraron el uno al otro y guardaron silencio por un momento.
Thornton e Buck si guardarono l'un l'altro, in silenzio per un momento.
—Pobre diablo —dijo Thornton suavemente, y Buck le lamió la mano.
"Povero diavolo", disse Thornton dolcemente, e Buck gli leccò la mano.

Por el amor de un hombre
Per amore di un uomo

John Thornton se congeló los pies en el frío del diciembre anterior.
John Thornton si congelò i piedi per il freddo del dicembre precedente.
Sus compañeros lo hicieron sentir cómodo y lo dejaron recuperarse solo.
I suoi compagni lo fecero sentire a suo agio e lo lasciarono guarire da solo.
Subieron al río para recoger una balsa de troncos para aserrar para Dawson.
Risalirono il fiume per raccogliere una zattera di tronchi da sega per Dawson.
Todavía cojeaba ligeramente cuando rescató a Buck de la muerte.
Zoppicava ancora leggermente quando salvò Buck dalla morte.
Pero como el clima cálido continuó, incluso esa cojera desapareció.
Ma con il persistere del caldo, anche quella zoppia è scomparsa.
Durante los largos días de primavera, Buck descansaba a orillas del río.
Sdraiato sulla riva del fiume durante le lunghe giornate primaverili, Buck si riposò.
Observó el agua fluir y escuchó a los pájaros y a los insectos.
Osservava l'acqua che scorreva e ascoltava gli uccelli e gli insetti.
Lentamente, Buck recuperó su fuerza bajo el sol y el cielo.
Lentamente Buck riacquistò le forze sotto il sole e il cielo.
Un descanso fue maravilloso después de viajar tres mil millas.
Dopo aver viaggiato tremila miglia, riposarsi è stato meraviglioso.

Buck se volvió perezoso a medida que sus heridas sanaban y su cuerpo se llenaba.
Buck diventò pigro man mano che le sue ferite guarivano e il suo corpo si riempiva.
Sus músculos se reafirmaron y la carne volvió a cubrir sus huesos.
I suoi muscoli si rassodarono e la carne tornò a ricoprire le sue ossa.
Todos estaban descansando: Buck, Thornton, Skeet y Nig.
Stavano tutti riposando: Buck, Thornton, Skeet e Nig.
Esperaron la balsa que los llevaría a Dawson.
Aspettarono la zattera che li avrebbe portati a Dawson.
Skeet era un pequeño setter irlandés que se hizo amigo de Buck.
Skeet era un piccolo setter irlandese che fece amicizia con Buck.
Buck estaba demasiado débil y enfermo para resistirse a ella en su primer encuentro.
Buck era troppo debole e malato per resisterle al loro primo incontro.
Skeet tenía el rasgo de sanador que algunos perros poseen naturalmente.
Skeet aveva la caratteristica di guaritore che alcuni cani possiedono per natura.
Como una gata madre, lamió y limpió las heridas abiertas de Buck.
Come una gatta, leccò e pulì le ferite aperte di Buck.
Todas las mañanas, después del desayuno, repetía su minucioso trabajo.
Ogni mattina, dopo colazione, ripeteva il suo attento lavoro.
Buck llegó a esperar su ayuda tanto como la de Thornton.
Buck finì per aspettarsi il suo aiuto tanto quanto quello di Thornton.
Nig también era amigable, pero menos abierto y menos cariñoso.
Anche Nig era amichevole, ma meno aperto e meno affettuoso.

Nig era un perro grande y negro, mitad sabueso y mitad lebrel.
Nig era un grosso cane nero, in parte segugio e in parte levriero.
Tenía ojos sonrientes y un espíritu bondadoso sin límites.
Aveva occhi sorridenti e un'infinita bontà d'animo.
Para sorpresa de Buck, ninguno de los perros mostró celos hacia él.
Con sorpresa di Buck, nessuno dei due cani mostrò gelosia nei suoi confronti.
Tanto Skeet como Nig compartieron la amabilidad de John Thornton.
Sia Skeet che Nig condividevano la gentilezza di John Thornton.
A medida que Buck se hacía más fuerte, lo atrajeron hacia juegos de perros tontos.
Man mano che Buck diventava più forte, lo attiravano in stupidi giochi da cani.
Thornton también jugaba a menudo con ellos, incapaz de resistirse a su alegría.
Anche Thornton giocava spesso con loro, incapace di resistere alla loro gioia.
De esta manera lúdica, Buck pasó de la enfermedad a una nueva vida.
In questo modo giocoso, Buck passò dalla malattia a una nuova vita.
El amor, el amor verdadero, ardiente y apasionado, finalmente era suyo.
L'amore, quello vero, ardente e passionale, era finalmente suo.
Nunca había conocido ese tipo de amor en la finca de Miller.
Non aveva mai conosciuto questo tipo di amore nella tenuta di Miller.
Con los hijos del Juez había compartido trabajo y aventuras.
Con i figli del giudice aveva condiviso lavoro e avventure.
En los nietos vio un orgullo rígido y jactancioso.
Nei nipoti notò un orgoglio rigido e vanitoso.
Con el propio juez Miller mantuvo una amistad respetuosa.

Con lo stesso giudice Miller aveva un rapporto di rispettosa amicizia.

Pero el amor que era fuego, locura y adoración llegó con Thornton.

Ma l'amore che era fuoco, follia e adorazione era ciò che accadeva con Thornton.

Este hombre había salvado la vida de Buck, y eso solo significaba mucho.

Quest'uomo aveva salvato la vita di Buck, e questo di per sé significava molto.

Pero más que eso, John Thornton era el tipo de maestro ideal.

Ma più di questo, John Thornton era il tipo ideale di maestro.

Otros hombres cuidaban perros por obligación o necesidad laboral.

Altri uomini si prendevano cura dei cani per dovere o per necessità lavorative.

John Thornton cuidaba a sus perros como si fueran sus hijos.

John Thornton si prendeva cura dei suoi cani come se fossero figli.

Él se preocupaba por ellos porque los amaba y simplemente no podía evitarlo.

Si prendeva cura di loro perché li amava e semplicemente non poteva farne a meno.

John Thornton vio incluso más lejos de lo que la mayoría de los hombres lograron ver.

John Thornton vide molto più lontano di quanto la maggior parte degli uomini riuscisse mai a vedere.

Nunca se olvidó de saludarlos amablemente o decirles alguna palabra de aliento.

Non dimenticava mai di salutarli gentilmente o di pronunciare una parola di incoraggiamento.

Le encantaba sentarse con los perros para tener largas charlas, o "gases", como él decía.

Amava sedersi con i cani per fare lunghe chiacchierate, o "gassy", come diceva lui.

Le gustaba agarrar bruscamente la cabeza de Buck entre sus fuertes manos.
Gli piaceva afferrare bruscamente la testa di Buck tra le sue mani forti.
Luego apoyó su cabeza contra la de Buck y lo sacudió suavemente.
Poi appoggiò la testa contro quella di Buck e lo scosse delicatamente.
Mientras tanto, él llamaba a Buck con nombres groseros que significaban amor para Buck.
Nel frattempo, chiamava Buck con nomi volgari che per lui significavano affetto.
Para Buck, ese fuerte abrazo y esas palabras le trajeron una profunda alegría.
Per Buck, quell'abbraccio rude e quelle parole portarono una gioia profonda.
Su corazón parecía latir con fuerza de felicidad con cada movimiento.
A ogni movimento il suo cuore sembrava sussultare di felicità.
Cuando se levantó de un salto, su boca parecía como si se estuviera riendo.
Quando poi balzò in piedi, la sua bocca sembrava ridere.
Sus ojos brillaban intensamente y su garganta temblaba con una alegría tácita.
I suoi occhi brillavano intensamente e la sua gola tremava per una gioia inespressa.
Su sonrisa se detuvo en ese estado de emoción y afecto resplandeciente.
Il suo sorriso rimase immobile in quello stato di emozione e affetto ardente.
Entonces Thornton exclamó pensativo: "¡Dios! ¡Casi puede hablar!"
Allora Thornton esclamò pensieroso: "Dio! Riesce quasi a parlare!"
Buck tenía una extraña forma de expresar amor que casi causaba dolor.

Buck aveva uno strano modo di esprimere l'amore che quasi gli causava dolore.

A menudo apretaba muy fuerte la mano de Thornton entre los dientes.

Spesso stringeva forte la mano di Thornton tra i denti.

La mordedura iba a dejar marcas profundas que permanecerían durante algún tiempo.

Il morso avrebbe lasciato segni profondi che sarebbero rimasti per qualche tempo.

Buck creía que esos juramentos eran de amor y Thornton lo sabía también.

Buck credeva che quei giuramenti fossero amore, e Thornton la pensava allo stesso modo.

La mayoría de las veces, el amor de Buck se demostraba en una adoración silenciosa, casi silenciosa.

Il più delle volte, l'amore di Buck si manifestava in un'adorazione silenziosa, quasi silenziosa.

Aunque se emocionaba cuando lo tocaban o le hablaban, no buscaba atención.

Sebbene fosse emozionato quando veniva toccato o gli si parlava, non cercava attenzione.

Skeet empujó su nariz bajo la mano de Thornton hasta que él la acarició.

Skeet spinse il naso sotto la mano di Thornton finché lui non la accarezzò.

Nig se acercó en silencio y apoyó su gran cabeza en la rodilla de Thornton.

Nig si avvicinò silenziosamente e appoggiò la sua grande testa sulle ginocchia di Thornton.

Buck, por el contrario, se conformaba con amar desde una distancia respetuosa.

Buck, al contrario, si accontentava di amare da una rispettosa distanza.

Durante horas permaneció tendido a los pies de Thornton, alerta y observando atentamente.

Rimase sdraiato per ore ai piedi di Thornton, vigile e attento.

Buck estudió cada detalle del rostro de su amo y su más mínimo movimiento.
Buck studiò ogni dettaglio del volto del suo padrone, perfino il più piccolo movimento.
O yacía más lejos, estudiando la figura del hombre en silencio.
Oppure sdraiati più lontano, studiando in silenzio la sagoma dell'uomo.
Buck observó cada pequeño movimiento, cada cambio de postura o gesto.
Buck osservava ogni piccolo movimento, ogni cambiamento di postura o di gesto.
Tan poderosa era esta conexión que a menudo atraía la mirada de Thornton.
Questo legame era così potente che spesso catturava lo sguardo di Thornton.
Sostuvo la mirada de Buck sin palabras, pero el amor brillaba claramente a través de ella.
Incontrò lo sguardo di Buck senza dire parole, e il suo amore traspariva chiaramente.
Durante mucho tiempo después de ser salvado, Buck nunca perdió de vista a Thornton.
Per molto tempo dopo essere stato salvato, Buck non perse mai di vista Thornton.
Cada vez que Thornton salía de la tienda, Buck lo seguía de cerca afuera.
Ogni volta che Thornton usciva dalla tenda, Buck lo seguiva da vicino all'esterno.
Todos los amos severos de las Tierras del Norte habían hecho que Buck tuviera miedo de confiar.
Tutti i severi padroni delle Terre del Nord avevano fatto sì che Buck non riuscisse più a fidarsi.
Temía que ningún hombre pudiera seguir siendo su amo durante más de un corto tiempo.
Temeva che nessun uomo potesse restare suo padrone se non per un breve periodo.

Temía que John Thornton desapareciera como Perrault y François.
Temeva che John Thornton sarebbe scomparso come Perrault e François.
Incluso por la noche, el miedo a perderlo acechaba el sueño inquieto de Buck.
Anche di notte, la paura di perderlo tormentava il sonno agitato di Buck.
Cuando Buck se despertó, salió a escondidas al frío y fue a la tienda de campaña.
Quando Buck si svegliò, si trascinò fuori al freddo e andò nella tenda.
Escuchó atentamente el suave sonido de la respiración en su interior.
Ascoltò attentamente il leggero suono del suo respiro interiore.
A pesar del profundo amor de Buck por John Thornton, lo salvaje siguió vivo.
Nonostante il profondo amore di Buck per John Thornton, la natura selvaggia sopravvisse.
Ese instinto primitivo, despertado en el Norte, no desapareció.
Quell'istinto primitivo, risvegliatosi nel Nord, non scomparve.
El amor trajo devoción, lealtad y el cálido vínculo del fuego.
L'amore portava devozione, lealtà e il caldo legame attorno al fuoco.
Pero Buck también mantuvo sus instintos salvajes, agudos y siempre alerta.
Ma Buck mantenne anche i suoi istinti selvaggi, acuti e sempre all'erta.
No era sólo una mascota domesticada de las suaves tierras de la civilización.
Non era solo un animale domestico addomesticato proveniente dalle dolci terre della civiltà.
Buck era un ser salvaje que había venido a sentarse junto al fuego de Thornton.

Buck era un essere selvaggio che si era seduto accanto al fuoco di Thornton.

Parecía un perro del Sur, pero en su interior vivía lo salvaje.

Sembrava un cane del Southland, ma in lui albergava la natura selvaggia.

Su amor por Thornton era demasiado grande como para permitirle robarle algo.

Il suo amore per Thornton era troppo grande per permettersi un furto da parte di quell'uomo.

Pero en cualquier otro campamento, robaría con valentía y sin pausa.

Ma in qualsiasi altro campo ruberebbe con audacia e senza esitazione.

Era tan astuto al robar que nadie podía atraparlo ni acusarlo.

Era così abile nel rubare che nessuno riusciva a catturarlo o accusarlo.

Su rostro y su cuerpo estaban cubiertos de cicatrices de muchas peleas pasadas.

Il suo viso e il suo corpo erano coperti di cicatrici dovute a molti combattimenti passati.

Buck seguía luchando con fiereza, pero ahora luchaba con más astucia.

Buck continuava a combattere con ferocia, ma ora lo faceva con maggiore astuzia.

Skeet y Nig eran demasiado amables para pelear, y eran de Thornton.

Skeet e Nig erano troppo docili per combattere, ed erano di Thornton.

Pero cualquier perro extraño, por fuerte o valiente que fuese, cedía.

Ma qualsiasi cane estraneo, non importa quanto forte o coraggioso, cedeva.

De lo contrario, el perro se encontraría luchando contra Buck; luchando por su vida.

Altrimenti, il cane si ritrovò a combattere contro Buck, lottando per la propria vita.

Buck no tuvo piedad una vez que decidió pelear contra otro perro.
Buck non ebbe pietà quando decise di combattere contro un altro cane.
Había aprendido bien la ley del garrote y el colmillo en las Tierras del Norte.
Aveva imparato bene la legge del bastone e della zanna nel Nord.
Él nunca renunció a una ventaja y nunca se retractó de la batalla.
Non ha mai rinunciato a un vantaggio e non si è mai tirato indietro dalla battaglia.
Había estudiado a los Spitz y a los perros más feroces del correo y de la policía.
Aveva studiato Spitz e i cani più feroci della polizia e della posta.
Sabía claramente que no había término medio en un combate salvaje.
Sapeva chiaramente che non esisteva via di mezzo in un combattimento selvaggio.
Él debía gobernar o ser gobernado; mostrar misericordia significaba mostrar debilidad.
Doveva governare o essere governato; mostrare misericordia significava mostrare debolezza.
Mercy era una desconocida en el crudo y brutal mundo de la supervivencia.
La pietà era sconosciuta nel mondo crudo e brutale della sopravvivenza.
Mostrar misericordia era visto como miedo, y el miedo conducía rápidamente a la muerte.
Mostrare pietà era visto come un atto di paura, e la paura conduceva rapidamente alla morte.
La antigua ley era simple: matar o ser asesinado, comer o ser comido.
La vecchia legge era semplice: uccidere o essere uccisi, mangiare o essere mangiati.

Esa ley vino desde las profundidades del tiempo, y Buck la siguió plenamente.
Quella legge proveniva dalle profondità del tempo e Buck la seguì alla lettera.
Buck era mayor que su edad y el número de respiraciones que tomaba.
Buck era più vecchio dei suoi anni e del numero dei suoi respiri.
Conectó claramente el pasado antiguo con el momento presente.
Collegava in modo chiaro il passato remoto con il momento presente.
Los ritmos profundos de las épocas lo atravesaban como mareas.
I ritmi profondi dei secoli si muovevano attraverso di lui come le maree.
El tiempo latía en su sangre con la misma seguridad con la que las estaciones movían la tierra.
Il tempo pulsava nel suo sangue con la stessa sicurezza con cui le stagioni muovevano la terra.
Se sentó junto al fuego de Thornton, con el pecho fuerte y los colmillos blancos.
Sedeva accanto al fuoco di Thornton, con il petto forte e le zanne bianche.
Su largo pelaje ondeaba, pero detrás de él los espíritus de los perros salvajes observaban.
La sua lunga pelliccia ondeggiava, ma dietro di lui lo osservavano gli spiriti dei cani selvatici.
Lobos medio y lobos completos se agitaron dentro de su corazón y sus sentidos.
Lupi mezzi e lupi veri si agitavano nel suo cuore e nei suoi sensi.
Probaron su carne y bebieron la misma agua que él.
Assaggiarono la sua carne e bevvero la stessa acqua che bevve lui.
Olfatearon el viento junto a él y escucharon el bosque.
Annusarono il vento insieme a lui e ascoltarono la foresta.

Susurraron los significados de los sonidos salvajes en la oscuridad.
Sussurravano il significato dei suoni selvaggi nell'oscurità.

Ellos moldearon sus estados de ánimo y guiaron cada una de sus reacciones tranquilas.
Modellavano il suo umore e guidavano ciascuna delle sue reazioni silenziose.

Se quedaron con él mientras dormía y se convirtieron en parte de sus sueños más profundos.
Giacevano accanto a lui mentre dormiva e diventavano parte dei suoi sogni profondi.

Soñaron con él, más allá de él, y constituyeron su propio espíritu.
Sognavano con lui, oltre lui, e costituivano il suo stesso spirito.

Los espíritus de la naturaleza llamaron con tanta fuerza que Buck se sintió atraído.
Gli spiriti della natura selvaggia chiamavano con tanta forza che Buck si sentì attratto.

Cada día, la humanidad y sus reivindicaciones se debilitaban más en el corazón de Buck.
Ogni giorno che passava, l'umanità e le sue rivendicazioni si indebolivano nel cuore di Buck.

En lo profundo del bosque, un llamado extraño y emocionante estaba por surgir.
Nel profondo della foresta si stava per udire un richiamo strano ed emozionante.

Cada vez que escuchaba el llamado, Buck sentía un impulso que no podía resistir.
Ogni volta che sentiva la chiamata, Buck provava un impulso a cui non riusciva a resistere.

Él iba a alejarse del fuego y de los caminos humanos trillados.
Avrebbe voltato le spalle al fuoco e ai sentieri battuti dagli uomini.

Iba a adentrarse en el bosque, avanzando sin saber por qué.
Stava per addentrarsi nella foresta, avanzando senza sapere il perché.

Él no cuestionó esta atracción porque el llamado era profundo y poderoso.
Non mise in discussione questa attrazione, perché la chiamata era profonda e potente.
A menudo, alcanzaba la sombra verde y la tierra suave e intacta.
Spesso raggiungeva l'ombra verde e la terra morbida e intatta
Pero entonces el fuerte amor por John Thornton lo atrajo de nuevo al fuego.
Ma poi il forte amore per John Thornton lo riportò al fuoco.
Sólo John Thornton realmente pudo sostener en sus manos el corazón salvaje de Buck.
Soltanto John Thornton riuscì davvero a tenere stretto il cuore selvaggio di Buck.
El resto de la humanidad no tenía ningún valor o significado duradero para Buck.
Per Buck il resto dell'umanità non aveva alcun valore o significato duraturo.
Los extraños podrían elogiarlo o acariciar su pelaje con manos amistosas.
Gli sconosciuti potrebbero lodarlo o accarezzargli la pelliccia con mani amichevoli.
Buck permaneció impasible y se alejó por demasiado afecto.
Buck rimase impassibile e se ne andò per eccesso di affetto.
Hans y Pete llegaron con la balsa que habían esperado durante tanto tiempo.
Hans e Pete arrivarono con la zattera che era stata attesa a lungo
Buck los ignoró hasta que supo que estaban cerca de Thornton.
Buck li ignorò finché non venne a sapere che erano vicini a Thornton.
Después de eso, los toleró, pero nunca les mostró total calidez.
Da allora in poi li tollerò, ma non dimostrò mai loro tutto il suo calore.

Él aceptaba comida o gentileza de ellos como si les estuviera haciendo un favor.

Accettava da loro cibo o gentilezza come se volesse fare loro un favore.

Eran como Thornton: sencillos, honestos y claros en sus pensamientos.

Erano come Thornton: semplici, onesti e lucidi nei pensieri.

Todos juntos viajaron al aserradero de Dawson y al gran remolino.

Tutti insieme viaggiarono verso la segheria di Dawson e il grande vortice

En su viaje aprendieron a comprender profundamente la naturaleza de Buck.

Nel corso del loro viaggio impararono a comprendere profondamente la natura di Buck.

No intentaron acercarse como lo habían hecho Skeet y Nig.

Non cercarono di avvicinarsi come avevano fatto Skeet e Nig.

Pero el amor de Buck por John Thornton solo se profundizó con el tiempo.

Ma l'amore di Buck per John Thornton non fece che aumentare con il tempo.

Sólo Thornton podía colocar una mochila en la espalda de Buck en el verano.

Solo Thornton poteva mettere uno zaino sulla schiena di Buck durante l'estate.

Cualquiera que fuera lo que Thornton ordenaba, Buck estaba dispuesto a hacerlo a cabalidad.

Buck era disposto a eseguire senza riserve qualsiasi ordine impartito da Thornton.

Un día, después de que dejaron Dawson hacia las cabeceras del río Tanana,

Un giorno, dopo aver lasciato Dawson per le sorgenti del Tanana,

El grupo se sentó en un acantilado que caía un metro hasta el lecho rocoso desnudo.

il gruppo era seduto su una rupe che scendeva per un metro fino a raggiungere la nuda roccia.

John Thornton se sentó cerca del borde y Buck descansó a su lado.
John Thornton si sedette vicino al bordo e Buck si riposò accanto a lui.
Thornton tuvo una idea repentina y llamó la atención de los hombres.
Thornton ebbe un'idea improvvisa e richiamò l'attenzione degli uomini.
Señaló hacia el otro lado del abismo y le dio a Buck una única orden.
Indicò l'altro lato del baratro e diede a Buck un unico comando.
—¡Salta, Buck! —dijo, extendiendo el brazo por encima del precipicio.
"Salta, Buck!" disse, allungando il braccio oltre il precipizio.
En un momento, tuvo que agarrar a Buck, quien estaba saltando para obedecer.
Un attimo dopo dovette afferrare Buck, che stava saltando per obbedire.
Hans y Pete corrieron hacia adelante y los pusieron a ambos a salvo.
Hans e Pete si precipitarono in avanti e tirarono entrambi indietro per metterli in salvo.
Cuando todo terminó y recuperaron el aliento, Pete habló.
Dopo che tutto fu finito e che ebbero ripreso fiato, Pete prese la parola.
"El amor es extraño", dijo, conmocionado por la feroz devoción del perro.
«È un amore straordinario», disse, scosso dalla feroce devozione del cane.
Thornton meneó la cabeza y respondió con seriedad y calma.
Thornton scosse la testa e rispose con calma e serietà.
"No, el amor es espléndido", dijo, "pero también terrible".
«No, l'amore è splendido», disse, «ma anche terribile».
"A veces, debo admitirlo, este tipo de amor me da miedo".
"A volte, devo ammetterlo, questo tipo di amore mi fa paura."
Pete asintió y dijo: "Odiaría ser el hombre que te toque".

Pete annuì e disse: "Mi dispiacerebbe tanto essere l'uomo che ti tocca".

Miró a Buck mientras hablaba, serio y lleno de respeto.
Mentre parlava, guardava Buck con aria seria e piena di rispetto.

—¡Py Jingo! —dijo Hans rápidamente—. Yo tampoco, señor.
"Py Jingo!" esclamò Hans in fretta. "Neanch'io, no signore."

Antes de que terminara el año, los temores de Pete se hicieron realidad en Circle City.
Prima che finisse l'anno, i timori di Pete si avverarono a Circle City.

Un hombre cruel llamado Black Burton provocó una pelea en el bar.
Un uomo crudele di nome Black Burton attaccò una rissa nel bar.

Estaba enojado y malicioso, arremetiendo contra un nuevo novato.
Era arrabbiato e cattivo, e si scagliava contro un novellino.

John Thornton entró en escena, tranquilo y afable como siempre.
John Thornton intervenne, calmo e bonario come sempre.

Buck yacía en un rincón, con la cabeza gacha, observando a Thornton de cerca.
Buck giaceva in un angolo, con la testa bassa, e osservava Thornton attentamente.

Burton atacó de repente, y su puñetazo hizo que Thornton girara.
Burton colpì all'improvviso e il suo pugno fece girare Thornton.

Sólo la barandilla de la barra evitó que se estrellara con fuerza contra el suelo.
Solo la ringhiera della sbarra gli impedì di cadere violentemente a terra.

Los observadores oyeron un sonido que no era un ladrido ni un aullido.

Gli osservatori hanno sentito un suono che non era un abbaio o un guaito

Un rugido profundo salió de Buck mientras se lanzaba hacia el hombre.
Buck emise un profondo ruggito mentre si lanciava verso l'uomo.
Burton levantó el brazo y apenas salvó su vida.
Burton alzò il braccio e per poco non si salvò la vita.
Buck se estrelló contra él y lo tiró al suelo.
Buck si schiantò contro di lui, facendolo cadere a terra.
Buck mordió profundamente el brazo del hombre y luego se abalanzó sobre su garganta.
Buck gli diede un morso profondo al braccio, poi si lanciò alla gola.
Burton sólo pudo bloquearlo parcialmente y su cuello quedó destrozado.
Burton riuscì a parare solo in parte e il suo collo fu squarciato.
Los hombres se apresuraron a entrar, con los garrotes en alto, y apartaron a Buck del hombre sangrante.
Gli uomini si precipitarono dentro, brandendo i manganelli e allontanarono Buck dall'uomo sanguinante.
Un cirujano trabajó rápidamente para detener la fuga de sangre.
Un chirurgo ha lavorato rapidamente per impedire che il sangue fuoriuscisse.
Buck caminaba de un lado a otro y gruñía, intentando atacar una y otra vez.
Buck camminava avanti e indietro ringhiando, tentando di attaccare ancora e ancora.
Sólo los golpes con los palos le impidieron llegar hasta Burton.
Soltanto i bastoni oscillanti gli impedirono di raggiungere Burton.
Allí mismo se convocó y celebró una asamblea de mineros.
Proprio lì, sul posto, venne convocata una riunione dei minatori.

Estuvieron de acuerdo en que Buck había sido provocado y votaron por liberarlo.
Concordarono sul fatto che Buck era stato provocato e votarono per liberarlo.

Pero el feroz nombre de Buck ahora resonaba en todos los campamentos de Alaska.
Ma il nome feroce di Buck risuonava ormai in ogni accampamento dell'Alaska.

Más tarde ese otoño, Buck salvó a Thornton nuevamente de una nueva manera.
Più tardi, quello stesso autunno, Buck salvò Thornton di nuovo in un modo nuovo.

Los tres hombres guiaban un bote largo por rápidos agitados.
I tre uomini stavano guidando una lunga barca lungo delle rapide impetuose.

Thornton tripulaba el bote, gritando instrucciones para llegar a la costa.
Thornton manovrava la barca, gridando indicazioni per raggiungere la riva.

Hans y Pete corrieron por la tierra, sosteniendo una cuerda de árbol a árbol.
Hans e Pete correvano sulla terraferma, tenendo una corda da un albero all'altro.

Buck seguía el ritmo en la orilla, siempre observando a su amo.
Buck procedeva a passo d'uomo sulla riva, tenendo sempre d'occhio il suo padrone.

En un lugar desagradable, las rocas sobresalían bajo el agua rápida.
In un punto pericoloso, delle rocce sporgevano dall'acqua veloce.

Hans soltó la cuerda y Thornton dirigió el bote hacia otro lado.
Hans lasciò andare la cima e Thornton tirò la barca verso la larghezza.

Hans corrió para alcanzar el barco nuevamente más allá de las rocas peligrosas.
Hans corse a percorrerla di nuovo, superando le pericolose rocce.
El barco superó la cornisa pero se topó con una parte más fuerte de la corriente.
La barca superò la sporgenza ma trovò una corrente più forte.
Hans agarró la cuerda demasiado rápido y desequilibró el barco.
Hans afferrò la cima troppo velocemente e fece perdere l'equilibrio alla barca.
El barco se volcó y se estrelló contra la orilla, boca abajo.
La barca si capovolse e sbatté contro la riva, con la parte inferiore rivolta verso l'alto.
Thornton fue arrojado y arrastrado hacia la parte más salvaje del agua.
Thornton venne scaraventato fuori e trascinato nella parte più selvaggia dell'acqua.
Ningún nadador habría podido sobrevivir en esas aguas turbulentas y mortales.
Nessun nuotatore sarebbe sopravvissuto in quelle acque pericolose e pericolose.
Buck saltó instantáneamente y persiguió a su amo río abajo.
Buck si lanciò all'istante e inseguì il suo padrone lungo il fiume.
Después de trescientos metros, llegó por fin a Thornton.
Dopo trecento metri finalmente raggiunse Thornton.
Thornton agarró la cola de Buck y Buck se giró hacia la orilla.
Thornton afferrò la coda di Buck, e Buck si diresse verso la riva.
Nadó con todas sus fuerzas, luchando contra el arrastre salvaje del agua.
Nuotò con tutte le sue forze, lottando contro la forte resistenza dell'acqua.
Se movieron río abajo más rápido de lo que podían llegar a la orilla.

Si spostarono verso valle più velocemente di quanto riuscissero a raggiungere la riva.

Más adelante, el río rugía cada vez más fuerte mientras caía en rápidos mortales.

Più avanti, il fiume ruggiva più forte, precipitando in rapide mortali.

Las rocas cortaban el agua como los dientes de un peine enorme.

Le rocce fendevano l'acqua come i denti di un enorme pettine.

La atracción del agua cerca de la caída era salvaje e ineludible.

La forza di attrazione dell'acqua nei pressi del dislivello era selvaggia e ineluttabile.

Thornton sabía que nunca podrían llegar a la costa a tiempo.

Thornton sapeva che non sarebbero mai riusciti a raggiungere la riva in tempo.

Raspó una roca, se estrelló contra otra,

Raschiò una roccia, ne sbatté una seconda,

Y entonces se estrelló contra una tercera roca, agarrándola con ambas manos.

Poi si schiantò contro una terza roccia, afferrandola con entrambe le mani.

Soltó a Buck y gritó por encima del rugido: "¡Vamos, Buck! ¡Vamos!".

Lasciò andare Buck e urlò sopra il ruggito: "Vai, Buck! Vai!"

Buck no pudo mantenerse a flote y fue arrastrado por la corriente.

Buck non riuscì a restare a galla e fu trascinato dalla corrente.

Luchó con todas sus fuerzas, intentando girar, pero no consiguió ningún progreso.

Lottò con tutte le sue forze, cercando di girarsi, ma non fece alcun progresso.

Entonces escuchó a Thornton repetir la orden por encima del rugido del río.

Poi sentì Thornton ripetere il comando sopra il fragore del fiume.

Buck salió del agua y levantó la cabeza como para echar una última mirada.
Buck si impennò fuori dall'acqua e sollevò la testa come per dare un'ultima occhiata.
Luego se giró y obedeció, nadando hacia la orilla con resolución.
poi si voltò e obbedì, nuotando verso la riva con risolutezza.
Pete y Hans lo sacaron a tierra en el último momento posible.
Pete e Hans lo tirarono a riva all'ultimo momento possibile.
Sabían que Thornton podría aferrarse a la roca sólo por unos minutos más.
Sapevano che Thornton avrebbe potuto aggrapparsi alla roccia solo per pochi minuti.
Corrieron por la orilla hasta un lugar mucho más arriba de donde estaba colgado.
Corsero su per la riva fino a un punto molto più in alto rispetto al punto in cui lui era appeso.
Ataron la cuerda del bote al cuello y los hombros de Buck con cuidado.
Legarono con cura la cima della barca al collo e alle spalle di Buck.
La cuerda estaba ajustada pero lo suficientemente suelta para permitir la respiración y el movimiento.
La corda era stretta ma abbastanza larga da permettere di respirare e muoversi.
Luego lo lanzaron nuevamente al caudaloso y mortal río.
Poi lo gettarono di nuovo nel fiume impetuoso e mortale.
Buck nadó con valentía, pero perdió su ángulo debido a la fuerza de la corriente.
Buck nuotò coraggiosamente ma non riuscì a prendere l'angolazione giusta per affrontare la forza della corrente.
Se dio cuenta demasiado tarde de que iba a dejar atrás a Thornton.
Si accorse troppo tardi che stava per superare Thornton.
Hans tiró de la cuerda con fuerza, como si Buck fuera un barco que se hundía.

Hans tiró forte la corda, come se Buck fosse una barca che si capovolge.

La corriente lo arrastró hacia abajo y desapareció bajo la superficie.
La corrente lo trascinò sott'acqua e lui scomparve sotto la superficie.

Su cuerpo chocó contra el banco antes de que Hans y Pete pudieran sacarlo.
Il suo corpo colpì la riva prima che Hans e Pete lo tirassero fuori.

Estaba medio ahogado y le sacaron el agua a golpes.
Era mezzo annegato e gli tolsero l'acqua dal corpo.

Buck se puso de pie, se tambaleó y volvió a desplomarse en el suelo.
Buck si alzò, barcollò e crollò di nuovo a terra.

Entonces oyeron la voz de Thornton llevada débilmente por el viento.
Poi udirono la voce di Thornton portata debolmente dal vento.

Aunque las palabras no eran claras, sabían que estaba cerca de morir.
Sebbene le parole non fossero chiare, sapevano che era vicino alla morte.

El sonido de la voz de Thornton golpeó a Buck como una sacudida eléctrica.
Il suono della voce di Thornton colpì Buck come una scossa elettrica.

Saltó y corrió por la orilla, regresando al punto de lanzamiento.
Saltò in piedi e corse su per la riva, tornando al punto di partenza.

Nuevamente ataron la cuerda a Buck, y nuevamente entró al arroyo.
Legarono di nuovo la corda a Buck, e di nuovo lui entrò nel fiume.

Esta vez nadó directo y firmemente hacia el agua que palpitaba.

Questa volta nuotò direttamente e con decisione nell'acqua impetuosa.
Hans soltó la cuerda con firmeza mientras Pete evitaba que se enredara.
Hans lasciò scorrere la corda con regolarità, mentre Pete impediva che si aggrovigliasse.
Buck nadó con fuerza hasta que estuvo alineado justo encima de Thornton.
Buck nuotò con forza finché non si trovò allineato appena sopra Thornton.
Luego se dio la vuelta y se lanzó hacia abajo como un tren a toda velocidad.
Poi si voltò e si lanciò verso di lui come un treno a tutta velocità.
Thornton lo vio venir, se preparó y le rodeó el cuello con los brazos.
Thornton lo vide arrivare, si preparò e gli abbracciò il collo.
Hans ató la cuerda fuertemente alrededor de un árbol mientras ambos eran arrastrados hacia abajo.
Hans legò saldamente la corda attorno a un albero mentre entrambi venivano tirati sott'acqua.
Cayeron bajo el agua y se estrellaron contra rocas y escombros del río.
Caddero sott'acqua, schiantandosi contro rocce e detriti del fiume.
En un momento Buck estaba arriba y al siguiente Thornton se levantó jadeando.
Un attimo prima Buck era in cima e un attimo dopo Thornton si alzava ansimando.
Maltratados y asfixiados, se desviaron hacia la orilla y se pusieron a salvo.
Malconci e soffocati, si diressero verso la riva e si misero in salvo.
Thornton recuperó el conocimiento, acostado sobre un tronco a la deriva.
Thornton riprese conoscenza mentre era sdraiato su un tronco alla deriva.

Hans y Pete trabajaron duro para devolverle el aliento y la vida.
Hans e Pete lavorarono duramente per riportarlo a respirare e a vivere.
Su primer pensamiento fue para Buck, que yacía inmóvil y flácido.
Il suo primo pensiero fu per Buck, che giaceva immobile e inerte.
Nig aulló sobre el cuerpo de Buck y Skeet le lamió la cara suavemente.
Nig ululò sul corpo di Buck e Skeet gli leccò delicatamente il viso.
Thornton, dolorido y magullado, examinó a Buck con manos cuidadosas.
Thornton, dolorante e contuso, esaminò Buck con mano attenta.
Encontró tres costillas rotas, pero ninguna herida mortal en el perro.
Ha trovato tre costole rotte, ma il cane non presentava ferite mortali.
"Eso lo resuelve", dijo Thornton. "Acamparemos aquí". Y así lo hicieron.
"Questo è tutto", disse Thornton. "Ci accamperemo qui". E così fecero.
Se quedaron hasta que las costillas de Buck sanaron y pudo caminar nuevamente.
Rimasero lì finché le costole di Buck non guarirono e lui poté di nuovo camminare.

Ese invierno, Buck realizó una hazaña que aumentó aún más su fama.
Quell'inverno Buck compì un'impresa che accrebbe ulteriormente la sua fama.
Fue menos heroico que salvar a Thornton, pero igual de impresionante.
Fu un gesto meno eroico del salvataggio di Thornton, ma altrettanto impressionante.

En Dawson, los socios necesitaban suministros para un viaje lejano.
A Dawson, i soci avevano bisogno di provviste per un viaggio lontano.
Querían viajar hacia el Este, hacia tierras vírgenes y silvestres.
Volevano viaggiare verso est, in terre selvagge e incontaminate.
La escritura de Buck en el Eldorado Saloon hizo posible ese viaje.
Quel viaggio fu possibile grazie all'impresa compiuta da Buck nell'Eldorado Saloon.
Todo empezó con hombres alardeando de sus perros mientras bebían.
Tutto cominciò con degli uomini che si vantavano dei loro cani bevendo qualcosa.
La fama de Buck lo convirtió en blanco de desafíos y dudas.
La fama di Buck lo rese bersaglio di sfide e dubbi.
Thornton, orgulloso y tranquilo, se mantuvo firme en la defensa del nombre de Buck.
Thornton, fiero e calmo, rimase fermo nel difendere il nome di Buck.
Un hombre dijo que su perro podía levantar doscientos cincuenta kilos con facilidad.
Un uomo ha affermato che il suo cane riusciva a trainare facilmente duecentocinquanta chili.
Otro dijo seiscientos, y un tercero se jactó de setecientos.
Un altro disse seicento, e un terzo si vantò di settecento.
"¡Pfft!" dijo John Thornton, "Buck puede tirar de un trineo de mil libras".
"Pfft!" disse John Thornton, "Buck può trainare una slitta da mille libbre."
Matthewson, un Rey de Bonanza, se inclinó hacia delante y lo desafió.
Matthewson, un Bonanza King, si sporse in avanti e lo sfidò.
¿Crees que puede poner tanto peso en movimiento?
"Pensi che possa spostare tutto quel peso?"

"¿Y crees que puede tirar del peso cien yardas enteras?"
"E pensi che riesca a sollevare il peso per cento metri?"
Thornton respondió con frialdad: «Sí. Buck es lo suficientemente bueno como para hacerlo».
Thornton rispose freddamente: "Sì. Buck è abbastanza cane da farlo."
"Pondrá mil libras en movimiento y las arrastrará cien yardas".
"Metterà in moto mille libbre e la tirerà per cento metri."
Matthewson sonrió lentamente y se aseguró de que todos los hombres escucharan sus palabras.
Matthewson sorrise lentamente e si assicurò che tutti gli uomini udissero le sue parole.
Tengo mil dólares que dicen que no puede. Ahí está.
"Ho mille dollari che dicono che non può. Eccoli."
Arrojó un saco de polvo de oro del tamaño de una salchicha sobre la barra.
Sbatté sul bancone un sacco di polvere d'oro grande quanto una salsiccia.
Nadie dijo una palabra. El silencio se hizo denso y tenso a su alrededor.
Nessuno disse una parola. Il silenzio si fece pesante e teso intorno a loro.
El engaño de Thornton —si es que lo hubo— había sido tomado en serio.
Il bluff di Thornton, se mai lo fu, era stato preso sul serio.
Sintió que el calor le subía a la cara mientras la sangre le subía a las mejillas.
Sentì il calore salirgli al viso mentre il sangue gli affluiva alle guance.
En ese momento su lengua se había adelantado a su razón.
In quel momento la sua lingua aveva preceduto la ragione.
Realmente no sabía si Buck podría mover mil libras.
Non sapeva davvero se Buck sarebbe riuscito a spostare mille libbre.
¡Media tonelada! Solo su tamaño le hacía sentir un gran peso en el corazón.

Mezza tonnellata! Solo la sua mole gli faceva sentire il cuore pesante.
Tenía fe en la fuerza de Buck y creía que era capaz.
Aveva fiducia nella forza di Buck e lo riteneva capace.
Pero nunca se había enfrentado a un desafío así, no de esta manera.
Ma non aveva mai affrontato una sfida di questo tipo, non in questo modo.
Una docena de hombres lo observaban en silencio, esperando ver qué haría.
Una dozzina di uomini lo osservavano in silenzio, in attesa di vedere cosa avrebbe fatto.
Él no tenía el dinero, ni tampoco Hans ni Pete.
Lui non aveva i soldi, e nemmeno Hans e Pete.
"Tengo un trineo afuera", dijo Matthewson fría y directamente.
"Ho una slitta fuori", disse Matthewson in modo freddo e diretto.
"Está cargado con veinte sacos de cincuenta libras cada uno, todo de harina.
"È carico di venti sacchi, da cinquanta libbre ciascuno, tutti di farina.
Así que no dejen que un trineo perdido sea su excusa ahora", añadió.
Quindi non lasciare che la scomparsa della slitta diventi la tua scusa", ha aggiunto.
Thornton permaneció en silencio. No sabía qué decir.
Thornton rimase in silenzio. Non sapeva che parole dire.
Miró a su alrededor los rostros sin verlos con claridad.
Guardò i volti intorno a sé senza vederli chiaramente.
Parecía un hombre congelado en sus pensamientos, intentando reiniciarse.
Sembrava un uomo immerso nei suoi pensieri, che cercava di ripartire.
Luego vio a Jim O'Brien, un amigo de la época de Mastodon.
Poi incontrò Jim O'Brien, un amico dei tempi dei Mastodon.
Ese rostro familiar le dio un coraje que no sabía que tenía.

Quel volto familiare gli diede un coraggio che non sapeva di avere.
Se giró y preguntó en voz baja: "¿Puedes prestarme mil?"
Si voltò e chiese a bassa voce: "Puoi prestarmi mille dollari?"
"Claro", dijo O'Brien, dejando caer un pesado saco junto al oro.
"Certo", disse O'Brien, lasciando cadere un pesante sacco vicino all'oro.
"Pero la verdad, John, no creo que la bestia pueda hacer esto".
"Ma sinceramente, John, non credo che la bestia possa fare questo."
Todos los que estaban en el Eldorado Saloon corrieron hacia afuera para ver el evento.
Tutti quelli presenti all'Eldorado Saloon si precipitarono fuori per assistere all'evento.
Abandonaron las mesas y las bebidas, e incluso los juegos se pausaron.
Lasciarono tavoli e bevande e perfino le partite furono sospese.
Comerciantes y jugadores acudieron para presenciar el final de la audaz apuesta.
Croupier e giocatori accorsero per assistere alla conclusione di questa audace scommessa.
Cientos de personas se reunieron alrededor del trineo en la calle helada y abierta.
Centinaia di persone si radunarono attorno alla slitta sulla strada ghiacciata.
El trineo de Matthewson estaba cargado con un montón de sacos de harina.
La slitta di Matthewson era carica di un carico completo di sacchi di farina.
El trineo había permanecido parado durante horas a temperaturas bajo cero.
La slitta era rimasta ferma per ore a temperature sotto lo zero.
Los patines del trineo estaban congelados y pegados a la nieve compacta.

I pattini della slitta erano congelati e incollati alla neve compatta.

Los hombres ofrecieron dos a uno de que Buck no podría mover el trineo.

Gli uomini scommettevano due a uno che Buck non sarebbe riuscito a spostare la slitta.

Se desató una disputa sobre lo que realmente significaba "break out".

Scoppiò una disputa su cosa significasse realmente "break out".

O'Brien dijo que Thornton debería aflojar la base congelada del trineo.

O'Brien ha affermato che Thornton dovrebbe allentare la base ghiacciata della slitta.

Buck pudo entonces "escapar" de un comienzo sólido e inmóvil.

Buck potrebbe quindi "rompere" una partenza solida e immobile.

Matthewson argumentó que el perro también debe liberar a los corredores.

Matthewson sosteneva che anche il cane doveva liberare i corridori.

Los hombres que habían escuchado la apuesta estuvieron de acuerdo con la opinión de Matthewson.

Gli uomini che avevano sentito la scommessa concordavano con Matthewson.

Con esa decisión, las probabilidades aumentaron a tres a uno en contra de Buck.

Con questa sentenza, le probabilità contro Buck salirono a tre a uno.

Nadie se animó a asumir las crecientes probabilidades de tres a uno.

Nessuno si fece avanti per accettare le crescenti quote di tre a uno.

Ningún hombre creyó que Buck pudiera realizar la gran hazaña.

Nessuno credeva che Buck potesse compiere la grande impresa.

Thornton se había apresurado a hacer la apuesta, cargado de dudas.

Thornton era stato spinto a scommettere, pieno di dubbi.

Ahora miró el trineo y el equipo de diez perros que estaba a su lado.

Ora guardava la slitta e la muta di dieci cani accanto ad essa.

Ver la realidad de la tarea la hizo parecer más imposible.

Vedere la realtà del compito lo faceva sembrare ancora più impossibile.

Matthewson estaba lleno de orgullo y confianza en ese momento.

In quel momento Matthewson era pieno di orgoglio e sicurezza.

—¡Tres a uno! —gritó—. ¡Apuesto mil más, Thornton!

"Tre a uno!" urlò. "Ne scommetto altri mille, Thornton!

"¿Qué dices?" añadió lo suficientemente alto para que todos lo oyeran.

"Cosa dici?" aggiunse, abbastanza forte da farsi sentire da tutti.

El rostro de Thornton mostraba sus dudas, pero su ánimo se había elevado.

Il volto di Thornton esprimeva i suoi dubbi, ma il suo spirito era sollevato.

Ese espíritu de lucha ignoraba las probabilidades y no temía a nada en absoluto.

Quello spirito combattivo ignorava le avversità e non temeva nulla.

Llamó a Hans y Pete para que trajeran todo su dinero a la mesa.

Chiamò Hans e Pete perché portassero tutti i loro soldi al tavolo.

Les quedaba poco: sólo doscientos dólares en total.

Non gli era rimasto molto altro: solo duecento dollari in tutto.

Esta pequeña suma constituía su fortuna total en tiempos difíciles.

Questa piccola somma costituiva la loro intera fortuna nei momenti difficili.
Aún así, apostaron toda su fortuna contra la apuesta de Matthewson.
Ciononostante puntarono tutta la loro fortuna contro la scommessa di Matthewson.
El equipo de diez perros fue desenganchado y se alejó del trineo.
La muta composta da dieci cani venne sganciata e allontanata dalla slitta.
Buck fue colocado en las riendas, vistiendo su arnés familiar.
Buck venne messo alle redini, indossando la sua consueta imbracatura.
Había captado la energía de la multitud y sentía la tensión.
Aveva colto l'energia della folla e ne aveva percepito la tensione.
De alguna manera, sabía que tenía que hacer algo por John Thornton.
In qualche modo sapeva che doveva fare qualcosa per John Thornton.
La gente murmuraba con admiración ante la orgullosa figura del perro.
La gente mormorava ammirata di fronte alla figura fiera del cane.
Era delgado y fuerte, sin un solo gramo de carne extra.
Era magro e forte, senza un solo grammo di carne in più.
Su peso total de ciento cincuenta libras era todo potencia y resistencia.
Il suo peso di centocinquanta chili era sinonimo di potenza e resistenza.
El pelaje de Buck brillaba como la seda, espeso y saludable.
Il mantello di Buck brillava come la seta, denso di salute e forza.
El pelaje a lo largo de su cuello y hombros pareció levantarse y erizarse.

La pelliccia sul collo e sulle spalle sembrava sollevarsi e drizzarsi.
Su melena se movía levemente, cada cabello vivo con su gran energía.
La sua criniera si muoveva leggermente, ogni capello era animato dalla sua grande energia.
Su pecho ancho y sus piernas fuertes hacían juego con su cuerpo pesado y duro.
Il suo petto ampio e le sue gambe forti si sposavano bene con la sua corporatura pesante e robusta.
Los músculos se ondulaban bajo su abrigo, tensos y firmes como hierro.
I muscoli si tesero sotto il cappotto, tesi e sodi come ferro legato.
Los hombres lo tocaron y juraron que estaba construido como una máquina de acero.
Gli uomini lo toccavano e giuravano che era fatto come una macchina d'acciaio.
Las probabilidades bajaron levemente a dos a uno contra el gran perro.
Le probabilità contro il grande cane sono scese leggermente a due a uno.
Un hombre de los bancos Skookum se adelantó, tartamudeando.
Un uomo dei banchi di Skookum si fece avanti balbettando.
—¡Bien, señor! ¡Ofrezco ochocientas libras por él, antes del examen, señor!
"Bene, signore! Offro ottocento per lui... prima della prova, signore!"
"¡Ochocientos, tal como está ahora mismo!" insistió el hombre.
"Ottocento, così com'è adesso!" insistette l'uomo.
Thornton dio un paso adelante, sonrió y meneó la cabeza con calma.
Thornton fece un passo avanti, sorrise e scosse la testa con calma.

Matthewson intervino rápidamente con una voz de advertencia y el ceño fruncido.
Matthewson intervenne rapidamente con tono ammonitore e aggrottando la fronte.
—Debes alejarte de él —dijo—. Dale espacio.
"Devi allontanarti da lui", disse. "Dagli spazio."
La multitud quedó en silencio; sólo los jugadores seguían ofreciendo dos a uno.
La folla tacque; solo i giocatori continuavano a offrire due a uno.
Todos admiraban la complexión de Buck, pero la carga parecía demasiado grande.
Tutti ammiravano la corporatura di Buck, ma il carico sembrava troppo pesante.
Veinte sacos de harina, cada uno de cincuenta libras de peso, parecían demasiados.
Venti sacchi di farina, ciascuno del peso di cinquanta libbre, sembravano decisamente troppi.
Nadie estaba dispuesto a abrir su bolsa y arriesgar su dinero.
Nessuno era disposto ad aprire la borsa e a rischiare i propri soldi.
Thornton se arrodilló junto a Buck y tomó su cabeza con ambas manos.
Thornton si inginocchiò accanto a Buck e gli prese la testa tra entrambe le mani.
Presionó su mejilla contra la de Buck y le habló al oído.
Premette la guancia contro quella di Buck e gli parlò all'orecchio.
Ya no había apretones juguetones ni susurros de insultos amorosos.
Non c'erano più né scossoni giocosi né insulti affettuosi sussurrati.
Él sólo murmuró suavemente: "Tanto como me amas, Buck".
Mormorò solo dolcemente: "Quanto mi ami, Buck."
Buck dejó escapar un gemido silencioso, su entusiasmo apenas fue contenido.

Buck emise un gemito sommesso, trattenendo a stento la sua impazienza.

Los espectadores observaron con curiosidad cómo la tensión llenaba el aire.

Gli astanti osservavano con curiosità la tensione che aleggiava nell'aria.

El momento parecía casi irreal, como algo más allá de la razón.

Quel momento sembrava quasi irreale, qualcosa che trascendeva la ragione.

Cuando Thornton se puso de pie, Buck tomó suavemente su mano entre sus mandíbulas.

Quando Thornton si alzò, Buck gli prese delicatamente la mano tra le fauci.

Presionó con los dientes y luego lo soltó lenta y suavemente.

Premette con i denti, poi lasciò andare lentamente e delicatamente.

Fue una respuesta silenciosa de amor, no dicha, pero entendida.

Fu una risposta silenziosa d'amore, non detta, ma compresa.

Thornton se alejó bastante del perro y dio la señal.

Thornton si allontanò di molto dal cane e diede il segnale.

—Ahora, Buck —dijo, y Buck respondió con calma y concentración.

"Ora, Buck", disse, e Buck rispose con calma concentrata.

Buck apretó las correas y luego las aflojó unos centímetros.

Buck tese le corde, poi le allentò di qualche centimetro.

Éste era el método que había aprendido; su manera de romper el trineo.

Questo era il metodo che aveva imparato; il suo modo per rompere la slitta.

—¡Caramba! —gritó Thornton con voz aguda en el pesado silencio.

"Caspita!" urlò Thornton, con voce acuta nel silenzio pesante.

Buck giró hacia la derecha y se lanzó con todo su peso.

Buck si girò verso destra e si lanciò con tutto il suo peso.

La holgura desapareció y la masa total de Buck golpeó las cuerdas apretadas.
Il gioco svanì e tutta la massa di Buck colpì le timonerie strette.
El trineo tembló y los patines produjeron un crujido crujiente.
La slitta tremò e i pattini produssero un suono secco e scoppiettante.
—¡Ja! —ordenó Thornton, cambiando nuevamente la dirección de Buck.
"Haw!" ordinò Thornton, cambiando di nuovo direzione a Buck.
Buck repitió el movimiento, esta vez tirando bruscamente hacia la izquierda.
Buck ripeté la mossa, questa volta tirando bruscamente verso sinistra.
El trineo crujió más fuerte y los patines crujieron y se movieron.
La slitta scricchiolava più forte, i pattini schioccavano e si spostavano.
La pesada carga se deslizó ligeramente hacia un lado sobre la nieve congelada.
Il pesante carico scivolò leggermente di lato sulla neve ghiacciata.
¡El trineo se había soltado del sendero helado!
La slitta si era liberata dalla presa del sentiero ghiacciato!
Los hombres contenían la respiración, sin darse cuenta de que ni siquiera estaban respirando.
Gli uomini trattennero il respiro, inconsapevoli di non stare nemmeno respirando.
—¡Ahora, TIRA! —gritó Thornton a través del silencio helado.
"Ora, TIRA!" gridò Thornton nel silenzio glaciale.
La orden de Thornton sonó aguda, como el chasquido de un látigo.
Il comando di Thornton risuonò netto, come lo schiocco di una frusta.

Buck se lanzó hacia adelante con una estocada feroz y estremecedora.
Buck si lanciò in avanti con un affondo violento e violento.
Todo su cuerpo se tensó y se arrugó por la enorme tensión.
Tutto il suo corpo si irrigidì e si contrasse sotto l'enorme sforzo.
Los músculos se ondulaban bajo su pelaje como serpientes que cobraban vida.
I muscoli si muovevano sotto la pelliccia come serpenti che prendevano vita.
Su gran pecho estaba bajo y la cabeza estirada hacia delante, hacia el trineo.
Il suo grande petto era basso e la testa era protesa in avanti verso la slitta.
Sus patas se movían como un rayo y sus garras cortaban el suelo helado.
Le sue zampe si muovevano come fulmini e gli artigli fendevano il terreno ghiacciato.
Los surcos se abrieron profundos mientras luchaba por cada centímetro de tracción.
I solchi erano profondi mentre lottava per ogni centimetro di trazione.
El trineo se balanceó, tembló y comenzó un movimiento lento e inquieto.
La slitta ondeggiò, tremò e cominciò a muoversi lentamente e in modo inquieto.
Un pie resbaló y un hombre entre la multitud gimió en voz alta.
Un piede scivolò e un uomo tra la folla gemette ad alta voce.
Entonces el trineo se lanzó hacia adelante con un movimiento brusco y espasmódico.
Poi la slitta si lanciò in avanti con un movimento brusco e a scatti.
No se detuvo de nuevo: media pulgada... una pulgada... dos pulgadas más.
Non si fermò più: mezzo pollice...un pollice...cinque pollici in più.

Los tirones se hicieron más pequeños a medida que el trineo empezó a ganar velocidad.
Gli scossoni si fecero più lievi man mano che la slitta cominciava ad acquistare velocità.
Pronto Buck estaba tirando con una potencia suave, uniforme y rodante.
Presto Buck cominciò a tirare con una potenza fluida e uniforme.
Los hombres jadearon y finalmente recordaron respirar de nuevo.
Gli uomini sussultarono e finalmente si ricordarono di respirare di nuovo.
No se habían dado cuenta de que su respiración se había detenido por el asombro.
Non si erano accorti che il loro respiro si era fermato per lo stupore.
Thornton corrió detrás, gritando órdenes breves y alegres.
Thornton gli corse dietro, gridando comandi brevi e allegri.
Más adelante había una pila de leña que marcaba la distancia.
Davanti a noi c'era una catasta di legna da ardere che segnava la distanza.
A medida que Buck se acercaba a la pila, los vítores se hacían cada vez más fuertes.
Mentre Buck si avvicinava al mucchio, gli applausi diventavano sempre più forti.
Los aplausos aumentaron hasta convertirse en un rugido cuando Buck pasó el punto final.
Gli applausi crebbero fino a diventare un boato quando Buck superò il traguardo.
Los hombres saltaron y gritaron, incluso Matthewson sonrió.
Gli uomini saltarono e gridarono, perfino Matthewson sorrise.
Los sombreros volaron por el aire y los guantes fueron arrojados sin pensar ni rumbo.
I cappelli volavano in aria e i guanti venivano lanciati senza pensarci o mirare.

Los hombres se abrazaron y se dieron la mano sin saber a quién.
Gli uomini si afferrarono e si strinsero la mano senza sapere chi.
Toda la multitud vibró en una celebración salvaje y alegre.
Tutta la folla era in delirio, in un tripudio di gioia e di entusiasmo.
Thornton cayó de rodillas junto a Buck con manos temblorosas.
Thornton cadde in ginocchio accanto a Buck con le mani tremanti.
Apretó su cabeza contra la de Buck y lo sacudió suavemente hacia adelante y hacia atrás.
Premette la testa contro quella di Buck e lo scosse delicatamente avanti e indietro.
Los que se acercaron le oyeron maldecir al perro con silencioso amor.
Chi si avvicinava lo sentiva maledire il cane con amore silenzioso.
Maldijo a Buck durante un largo rato, suavemente, cálidamente, con emoción.
Imprecò a lungo contro Buck, con dolcezza, calore, emozione.
—¡Bien, señor! ¡Bien, señor! —gritó el rey del Banco Skookum a toda prisa.
"Bene, signore! Bene, signore!" esclamò di corsa il re della panchina di Skookum.
—¡Le daré mil, no, mil doscientos, por ese perro, señor!
"Le darò mille, anzi milleduecento, per quel cane, signore!"
Thornton se puso de pie lentamente, con los ojos brillantes de emoción.
Thornton si alzò lentamente in piedi, con gli occhi brillanti di emozione.
Las lágrimas corrían abiertamente por sus mejillas sin ninguna vergüenza.
Le lacrime gli rigavano le guance senza alcuna vergogna.
"Señor", le dijo al rey del Banco Skookum, firme y firme.

"Signore", disse al re della panchina di Skookum, con fermezza e fermezza

—No, señor. Puede irse al infierno, señor. Esa es mi última respuesta.

"No, signore. Può andare all'inferno, signore. Questa è la mia risposta definitiva."

Buck agarró suavemente la mano de Thornton con sus fuertes mandíbulas.

Buck afferrò delicatamente la mano di Thornton tra le sue forti mascelle.

Thornton lo sacudió juguetonamente; su vínculo era más profundo que nunca.

Thornton lo scosse scherzosamente; il loro legame era più profondo che mai.

La multitud, conmovida por el momento, retrocedió en silencio.

La folla, commossa dal momento, fece un passo indietro in silenzio.

Desde entonces nadie se atrevió a interrumpir tan sagrado afecto.

Da quel momento in poi nessuno osò più interrompere un affetto così sacro.

El sonido de la llamada
Il suono della chiamata

Buck había ganado mil seiscientos dólares en cinco minutos.
Buck aveva guadagnato milleseicento dollari in cinque minuti.
El dinero permitió a John Thornton pagar algunas de sus deudas.
Il denaro permise a John Thornton di saldare alcuni dei suoi debiti.
Con el resto del dinero se dirigió al Este con sus socios.
Con il resto del denaro si diresse verso est insieme ai suoi soci.
Buscaban una legendaria mina perdida, tan antigua como el país mismo.
Cercarono una leggendaria miniera perduta, antica quanto il paese stesso.
Muchos hombres habían buscado la mina, pero pocos la habían encontrado.
Molti uomini avevano cercato la miniera, ma pochi l'avevano trovata.
Más de unos pocos hombres habían desaparecido durante la peligrosa búsqueda.
Molti uomini erano scomparsi durante la pericolosa ricerca.
Esta mina perdida estaba envuelta en misterio y vieja tragedia.
Questa miniera perduta era avvolta nel mistero e nella vecchia tragedia.
Nadie sabía quién había sido el primer hombre que encontró la mina.
Nessuno sapeva chi fosse stato il primo uomo a scoprire la miniera.
Las historias más antiguas no mencionan a nadie por su nombre.
Le storie più antiche non menzionano nessuno per nome.
Siempre había habido allí una antigua y destartalada cabaña.
Lì c'era sempre stata una vecchia capanna fatiscente.

Los hombres moribundos habían jurado que había una mina al lado de aquella vieja cabaña.
I moribondi avevano giurato che vicino a quella vecchia capanna ci fosse una miniera.
Probaron sus historias con oro como ningún otro en ningún otro lugar.
Hanno dimostrato le loro storie con un oro che non ha eguali altrove.
Ningún alma viviente había jamás saqueado el tesoro de aquel lugar.
Nessuna anima viva aveva mai saccheggiato il tesoro da quel luogo.
Los muertos estaban muertos, y los muertos no cuentan historias.
I morti erano morti e i morti non raccontano storie.
Entonces Thornton y sus amigos se dirigieron al Este.
Così Thornton e i suoi amici si diressero verso Est.
Pete y Hans se unieron, trayendo a Buck y seis perros fuertes.
Si unirono a noi Pete e Hans, portando con sé Buck e sei cani robusti.
Se embarcaron en un camino desconocido donde otros habían fracasado.
Si avviarono lungo un sentiero sconosciuto dove altri avevano fallito.
Se deslizaron en trineo setenta millas por el congelado río Yukón.
Percorsero in slitta settanta miglia lungo il fiume Yukon ghiacciato.
Giraron a la izquierda y siguieron el sendero hacia Stewart.
Girarono a sinistra e seguirono il sentiero verso lo Stewart.
Pasaron Mayo y McQuestion y siguieron adelante.
Superarono il Mayo e il McQuestion e proseguirono oltre.
El río Stewart se encogió y se convirtió en un arroyo, atravesando picos irregulares.
Lo Stewart si restringeva fino a diventare un ruscello, infilandosi tra cime frastagliate.

Estos picos afilados marcaban la columna vertebral del continente.
Queste vette aguzze rappresentavano la spina dorsale del continente.
John Thornton exigía poco a los hombres y a la tierra salvaje.
John Thornton pretendeva poco dagli uomini e dalla terra selvaggia.
No temía a nada de la naturaleza y se enfrentaba a lo salvaje con facilidad.
Non temeva nulla della natura e affrontava la natura selvaggia con disinvoltura.
Con sólo sal y un rifle, podría viajar a donde quisiera.
Con solo del sale e un fucile poteva viaggiare dove voleva.
Al igual que los nativos, cazaba alimentos mientras viajaba.
Come gli indigeni, durante il viaggio cacciava per procurarsi il cibo.
Si no pescaba nada, seguía adelante, confiando en que la suerte le acompañaría.
Se non prendeva nulla, continuava ad andare avanti, confidando nella fortuna che lo attendeva.
En este largo viaje, la carne era lo principal que comían.
Durante questo lungo viaggio, la carne era l'alimento principale di cui si nutrivano.
El trineo contenía herramientas y municiones, pero no un horario estricto.
La slitta trasportava attrezzi e munizioni, ma non c'era un orario preciso.
A Buck le encantaba este vagabundeo, la caza y la pesca interminables.
Buck amava questo vagabondare, la caccia e la pesca senza fine.
Durante semanas estuvieron viajando día tras día.
Per settimane viaggiarono senza sosta, giorno dopo giorno.
Otras veces montaban campamentos y permanecían allí durante semanas.
Altre volte si accampavano e restavano fermi per settimane.

Los perros descansaron mientras los hombres cavaban en la tierra congelada.
I cani riposarono mentre gli uomini scavavano nel terreno ghiacciato.
Calentaron sartenes sobre el fuego y buscaron oro escondido.
Scaldavano le padelle sul fuoco e cercavano l'oro nascosto.
Algunos días pasaban hambre y otros días tenían fiestas.
C'erano giorni in cui pativano la fame, altri in cui banchettavano.
Sus comidas dependían de la presa y de la suerte de la caza.
Il loro pasto dipendeva dalla selvaggina e dalla fortuna della caccia.
Cuando llegaba el verano, los hombres y los perros cargaban cargas sobre sus espaldas.
Con l'arrivo dell'estate, uomini e cani caricavano carichi sulle spalle.
Navegaron por lagos azules escondidos en bosques de montaña.
Fecero rafting sui laghi azzurri nascosti nelle foreste di montagna.
Navegaban en delgadas embarcaciones por ríos que ningún hombre había cartografiado jamás.
Navigavano su imbarcazioni sottili su fiumi che nessun uomo aveva mai mappato.
Esos barcos se construyeron a partir de árboles que cortaban en la naturaleza.
Quelle barche venivano costruite con gli alberi che avevano segato in natura.

Los meses pasaron y ellos serpentearon por tierras salvajes y desconocidas.
Passarono i mesi e loro viaggiarono attraverso terre selvagge e sconosciute.
No había hombres allí, aunque había rastros antiguos que indicaban que había habido hombres.

Non c'erano uomini lì, ma vecchie tracce lasciavano intendere che alcuni di loro fossero presenti.
Si la Cabaña Perdida fue real, entonces otras personas habían pasado por allí alguna vez.
Se la Capanna Perduta fosse esistita davvero, allora altre persone in passato erano passate da lì.
Cruzaron pasos altos en medio de tormentas de nieve, incluso en verano.
Attraversavano passi alti durante le bufere di neve, anche d'estate.
Temblaban bajo el sol de medianoche en las laderas desnudas de las montañas.
Rabbrividivano sotto il sole di mezzanotte sui pendii brulli delle montagne.
Entre la línea de árboles y los campos de nieve, subieron lentamente.
Tra il limite degli alberi e i campi di neve, salivano lentamente.
En los valles cálidos, aplastaban nubes de mosquitos y moscas.
Nelle valli calde, scacciavano nuvole di moscerini e mosche.
Recogieron bayas dulces cerca de los glaciares en plena floración del verano.
Raccolsero bacche dolci vicino ai ghiacciai nel pieno della fioritura estiva.
Las flores que encontraron eran tan hermosas como las de las Tierras del Sur.
I fiori che trovarono erano belli quanto quelli del Southland.
Ese otoño llegaron a una región solitaria llena de lagos silenciosos.
Quell'autunno giunsero in una regione solitaria piena di laghi silenziosi.
La tierra estaba triste y vacía, una vez llena de pájaros y bestias.
La terra era triste e vuota, un tempo brulicava di uccelli e animali.
Ahora no había vida, sólo el viento y el hielo formándose en charcos.

Ora non c'era più vita, solo il vento e il ghiaccio che si formava nelle pozze.
Las olas golpeaban las orillas vacías con un sonido suave y triste.
Le onde lambivano le rive deserte con un suono dolce e lugubre.

Llegó otro invierno y volvieron a seguir los viejos y tenues senderos.
Arrivò un altro inverno e loro seguirono di nuovo deboli e vecchi sentieri.
Éstos eran los rastros de hombres que habían buscado mucho antes que ellos.
Erano le tracce di uomini che avevano cercato molto prima di loro.
Un día encontraron un camino que se adentraba profundamente en el bosque oscuro.
Una volta trovarono un sentiero che si inoltrava nel profondo della foresta oscura.
Era un sendero antiguo y sintieron que la cabaña perdida estaba cerca.
Era un vecchio sentiero e sentivano che la baita perduta era vicina.
Pero el sendero no conducía a ninguna parte y se perdía en el espeso bosque.
Ma il sentiero non portava da nessuna parte e si perdeva nel fitto del bosco.
Nadie sabe quién hizo el sendero ni por qué lo hizo.
Nessuno sapeva chi avesse tracciato il sentiero e perché lo avesse fatto.
Más tarde encontraron los restos de una cabaña escondidos entre los árboles.
Più tardi trovarono i resti di una capanna nascosta tra gli alberi.
Mantas podridas yacían esparcidas donde alguna vez alguien había dormido.

Coperte marce erano sparse dove un tempo qualcuno aveva dormito.

John Thornton encontró una pistola de chispa de cañón largo enterrada en el interior.
John Thornton trovò sepolto all'interno un fucile a pietra focaia a canna lunga.

Sabía que se trataba de un cañón de la Bahía de Hudson desde los primeros días de su comercialización.
Sapeva fin dai primi tempi che si trattava di un cannone della Hudson Bay.

En aquella época, estas armas se intercambiaban por montones de pieles de castor.
A quei tempi, tali armi venivano barattate con pile di pelli di castoro.

Eso fue todo: no quedó ninguna pista del hombre que construyó el albergue.
Questo era tutto: non rimaneva alcuna traccia dell'uomo che aveva costruito la loggia.

Llegó nuevamente la primavera y no encontraron ninguna señal de la Cabaña Perdida.
Arrivò di nuovo la primavera e non trovarono traccia della Capanna Perduta.

En lugar de eso encontraron un valle amplio con un arroyo poco profundo.
Invece trovarono un'ampia valle con un ruscello poco profondo.

El oro se extendía sobre el fondo de las sartenes como mantequilla suave y amarilla.
L'oro si stendeva sul fondo della pentola come burro giallo e liscio.

Se detuvieron allí y no buscaron más la cabaña.
Si fermarono lì e non cercarono oltre la cabina.

Cada día trabajaban y encontraban miles en polvo de oro.
Ogni giorno lavoravano e ne trovavano migliaia di pezzi in polvere d'oro.

Empaquetaron el oro en bolsas de piel de alce, de cincuenta libras cada una.
Confezionarono l'oro in sacchi di pelle di alce, da cinquanta libbre ciascuno.
Las bolsas estaban apiladas como leña afuera de su pequeña cabaña.
I sacchi erano accatastati come legna da ardere fuori dal loro piccolo rifugio.
Trabajaron como gigantes y los días pasaban como sueños rápidos.
Lavoravano come giganti e i giorni trascorrevano veloci come sogni.
Acumularon tesoros a medida que los días interminables transcurrían rápidamente.
Accumularono tesori mentre gli infiniti giorni trascorrevano rapidamente.
Los perros no tenían mucho que hacer excepto transportar carne de vez en cuando.
I cani avevano ben poco da fare, se non trasportare la carne di tanto in tanto.
Thornton cazó y mató el animal, y Buck se quedó tendido junto al fuego.
Thornton cacciò e uccise la selvaggina, mentre Buck si sdraiò accanto al fuoco.
Pasó largas horas en silencio, perdido en sus pensamientos y recuerdos.
Trascorse lunghe ore in silenzio, perso nei pensieri e nei ricordi.
La imagen del hombre peludo venía cada vez más a la mente de Buck.
L'immagine dell'uomo peloso tornava sempre più spesso alla mente di Buck.
Ahora que el trabajo escaseaba, Buck soñaba mientras parpadeaba ante el fuego.
Ora che il lavoro scarseggiava, Buck sognava mentre sbatteva le palpebre verso il fuoco.
En esos sueños, Buck vagaba con el hombre en otro mundo.

In quei sogni, Buck vagava con l'uomo in un altro mondo.
El miedo parecía el sentimiento más fuerte en ese mundo distante.
La paura sembrava il sentimento più forte in quel mondo lontano.
Buck vio al hombre peludo dormir con la cabeza gacha.
Buck vide l'uomo peloso dormire con la testa bassa.
Tenía las manos entrelazadas y su sueño era inquieto y entrecortado.
Aveva le mani giunte e il suo sonno era agitato e interrotto.
Solía despertarse sobresaltado y mirar con miedo hacia la oscuridad.
Si svegliava di soprassalto e fissava il buio con timore.
Luego echaba más leña al fuego para mantener la llama brillante.
Poi aggiungeva altra legna al fuoco per mantenere viva la fiamma.
A veces caminaban por una playa junto a un mar gris e interminable.
A volte camminavano lungo una spiaggia in riva a un mare grigio e infinito.
El hombre peludo recogía mariscos y los comía mientras caminaba.
L'uomo peloso raccolse i frutti di mare e li mangiò mentre camminava.
Sus ojos buscaban siempre peligros ocultos en las sombras.
I suoi occhi cercavano sempre pericoli nascosti nell'ombra.
Sus piernas siempre estaban listas para correr ante la primera señal de amenaza.
Le sue gambe erano sempre pronte a scattare al primo segno di minaccia.
Se arrastraron por el bosque, silenciosos y cautelosos, uno al lado del otro.
Avanzavano furtivamente nella foresta, silenziosi e cauti, uno accanto all'altro.
Buck lo siguió de cerca y ambos se mantuvieron alerta.
Buck lo seguì alle calcagna, ed entrambi rimasero all'erta.

Sus orejas se movían y temblaban, sus narices olfateaban el aire.
Le loro orecchie si muovevano e si contraevano, i loro nasi fiutavano l'aria.
El hombre podía oír y oler el bosque tan agudamente como Buck.
L'uomo riusciva a sentire e ad annusare la foresta in modo altrettanto acuto quanto Buck.
El hombre peludo se balanceó entre los árboles con una velocidad repentina.
L'uomo peloso si lanciò tra gli alberi a velocità improvvisa.
Saltaba de rama en rama sin perder nunca su agarre.
Saltava da un ramo all'altro senza mai perdere la presa.
Se movió tan rápido sobre el suelo como sobre él.
Si muoveva con la stessa rapidità con cui si muoveva sopra e sopra il terreno.
Buck recordó las largas noches bajo los árboles, haciendo guardia.
Buck ricordava le lunghe notti passate sotto gli alberi a fare la guardia.
El hombre dormía recostado en las ramas, aferrado fuertemente.
L'uomo dormiva appollaiato sui rami, aggrappandosi forte.
Esta visión del hombre peludo estaba estrechamente ligada al llamado profundo.
Questa visione dell'uomo peloso era strettamente legata al richiamo profondo.
El llamado aún resonaba en el bosque con una fuerza inquietante.
Il richiamo risuonava ancora nella foresta con una forza inquietante.
La llamada llenó a Buck de anhelo y una inquieta sensación de alegría.
La chiamata riempì Buck di desiderio e di un inquieto senso di gioia.
Sintió impulsos y agitaciones extrañas que no podía nombrar.

Sentì strani impulsi e stimoli a cui non riusciva a dare un nome.
A veces seguía la llamada hasta lo profundo del tranquilo bosque.
A volte seguiva la chiamata inoltrandosi nel silenzio dei boschi.
Buscó el llamado, ladrando suave o agudamente mientras caminaba.
Cercava il richiamo, abbaiando piano o bruscamente mentre camminava.
Olfateó el musgo y la tierra negra donde crecían las hierbas.
Annusò il muschio e il terreno nero dove cresceva l'erba.
Resopló de alegría ante los ricos olores de la tierra profunda.
Sbuffò di piacere sentendo i ricchi odori della terra profonda.
Se agazapó durante horas detrás de troncos cubiertos de hongos.
Rimase accovacciato per ore dietro i tronchi ricoperti di funghi.
Se quedó quieto, escuchando con los ojos muy abiertos cada pequeño sonido.
Rimase immobile, ascoltando con gli occhi sgranati ogni minimo rumore.
Quizás esperaba sorprender al objeto que le había hecho el llamado.
Forse sperava di sorprendere la cosa che aveva emesso la chiamata.
Él no sabía por qué actuaba así: simplemente lo hacía.
Non sapeva perché si comportava in quel modo: lo faceva e basta.
Los impulsos venían desde lo más profundo, más allá del pensamiento o la razón.
Questi impulsi provenivano dal profondo, al di là del pensiero o della ragione.
Impulsos irresistibles se apoderaron de Buck sin previo aviso ni razón.
Buck fu colto da impulsi irresistibili, senza preavviso o motivo.

A veces dormitaba perezosamente en el campamento bajo el calor del mediodía.
A volte sonnecchiava pigramente nell'accampamento, sotto il caldo di mezzogiorno.
De repente, su cabeza se levantó y sus orejas se levantaron en alerta.
All'improvviso sollevò la testa e le sue orecchie si drizzarono in allerta.
Entonces se levantó de un salto y se lanzó hacia lo salvaje sin detenerse.
Poi balzò in piedi e si lanciò nella natura selvaggia senza fermarsi.
Corrió durante horas por senderos forestales y espacios abiertos.
Corse per ore attraverso sentieri forestali e spazi aperti.
Le encantaba seguir los lechos de los arroyos secos y espiar a los pájaros en los árboles.
Amava seguire i letti asciutti dei torrenti e spiare gli uccelli sugli alberi.
Podría permanecer escondido todo el día, mirando a las perdices pavonearse.
Poteva restare nascosto tutto il giorno, osservando le pernici che si pavoneggiavano in giro.
Ellos tamborilearon y marcharon, sin percatarse de la presencia todavía de Buck.
Suonavano i tamburi e marciavano, ignari della presenza immobile di Buck.
Pero lo que más le gustaba era correr al atardecer en verano.
Ma ciò che amava di più era correre al crepuscolo estivo.
La tenue luz y los sonidos soñolientos del bosque lo llenaron de alegría.
La luce fioca e i suoni assonnati della foresta lo riempivano di gioia.
Leyó las señales del bosque tan claramente como un hombre lee un libro.
Leggeva i cartelli della foresta con la stessa chiarezza con cui un uomo legge un libro.

Y siempre buscaba aquella cosa extraña que lo llamaba.
E cercava sempre la strana cosa che lo chiamava.
Ese llamado nunca se detuvo: lo alcanzaba despierto o dormido.
Quella chiamata non si è mai fermata: lo raggiungeva sia da sveglio che nel sonno.

Una noche, se despertó sobresaltado, con los ojos alerta y las orejas alerta.
Una notte si svegliò di soprassalto, con gli occhi acuti e le orecchie tese.
Sus fosas nasales se crisparon mientras su melena se erizaba en ondas.
Le sue narici si contrassero mentre la sua criniera si rizzava in onde.
Desde lo profundo del bosque volvió a oírse el sonido, el viejo llamado.
Dal profondo della foresta giunse di nuovo quel suono, il vecchio richiamo.
Esta vez el sonido sonó claro, un aullido largo, inquietante y familiar.
Questa volta il suono risuonò chiaro, un ululato lungo, inquietante e familiare.
Era como el grito de un husky, pero extraño y salvaje en tono.
Era come il verso di un husky, ma dal tono strano e selvaggio.
Buck reconoció el sonido al instante: había oído exactamente el mismo sonido hacía mucho tiempo.
Buck riconobbe subito quel suono: lo aveva già sentito molto tempo prima.
Saltó a través del campamento y desapareció rápidamente en el bosque.
Attraversò con un balzo l'accampamento e scomparve rapidamente nel bosco.
A medida que se acercaba al sonido, disminuyó la velocidad y se movió con cuidado.
Avvicinandosi al suono, rallentò e si mosse con cautela.

Pronto llegó a un claro entre espesos pinos.
Presto raggiunse una radura tra fitti pini.
Allí, erguido sobre sus cuartos traseros, estaba sentado un lobo de bosque alto y delgado.
Lì, ritto sulle zampe posteriori, sedeva un lupo grigio alto e magro.
La nariz del lobo apuntaba hacia el cielo, todavía haciendo eco del llamado.
Il naso del lupo puntava verso il cielo, continuando a riecheggiare il richiamo.
Buck no había emitido ningún sonido, pero el lobo se detuvo y escuchó.
Buck non aveva emesso alcun suono, eppure il lupo si fermò e ascoltò.
Sintiendo algo, el lobo se tensó y buscó en la oscuridad.
Percependo qualcosa, il lupo si irrigidì e scrutò l'oscurità.
Buck apareció sigilosamente, con el cuerpo agachado y los pies quietos sobre el suelo.
Buck si fece avanti furtivamente, con il corpo basso e i piedi ben appoggiati al terreno.
Su cola estaba recta y su cuerpo enroscado por la tensión.
La sua coda era dritta e il suo corpo era teso e teso.
Mostró al mismo tiempo una amenaza y una especie de amistad ruda.
Manifestava sia un atteggiamento minaccioso che una sorta di rude amicizia.
Fue el saludo cauteloso que compartían las bestias salvajes.
Era il saluto cauto tipico delle bestie selvatiche.
Pero el lobo se dio la vuelta y huyó tan pronto como vio a Buck.
Ma il lupo si voltò e fuggì non appena vide Buck.
Buck lo persiguió, saltando salvajemente, ansioso por alcanzarlo.
Buck si lanciò all'inseguimento, saltando selvaggiamente, desideroso di raggiungerlo.
Siguió al lobo hasta un arroyo seco bloqueado por un atasco de madera.

Seguì il lupo in un ruscello secco bloccato da un ingorgo di tronchi.

Acorralado, el lobo giró y se mantuvo firme.

Messo alle strette, il lupo si voltò e rimase fermo.

El lobo gruñó y mordió a su presa como un perro husky atrapado en una pelea.

Il lupo ringhiò e schioccò i denti come un husky intrappolato in una rissa.

Los dientes del lobo chasquearon rápidamente y su cuerpo se erizó de furia salvaje.

I denti del lupo schioccarono rapidamente e il suo corpo si irrigidì per la furia selvaggia.

Buck no atacó, sino que rodeó al lobo con cautelosa amabilidad.

Buck non attaccò, ma girò intorno al lupo con attenta cordialità.

Intentó bloquear su escape con movimientos lentos e inofensivos.

Cercò di bloccargli la fuga con movimenti lenti e innocui.

El lobo estaba cauteloso y asustado: Buck pesaba tres veces más que él.

Il lupo era cauto e spaventato: Buck lo superava di peso tre volte.

La cabeza del lobo apenas llegaba hasta el enorme hombro de Buck.

La testa del lupo arrivava a malapena all'altezza della spalla massiccia di Buck.

Al acecho de un hueco, el lobo salió disparado y la persecución comenzó de nuevo.

Il lupo, attento a individuare un varco, si lanciò e l'inseguimento ricominciò.

Varias veces Buck lo acorraló y el baile se repitió.

Buck lo mise alle strette più volte e la danza si ripeté.

El lobo estaba delgado y débil, de lo contrario Buck no podría haberlo atrapado.

Il lupo era magro e debole, altrimenti Buck non avrebbe potuto catturarlo.

Cada vez que Buck se acercaba, el lobo giraba y lo enfrentaba con miedo.
Ogni volta che Buck si avvicinava, il lupo si girava di scatto e lo affrontava spaventato.
Luego, a la primera oportunidad, se lanzó de nuevo al bosque.
Poi, alla prima occasione, si precipitò di nuovo nel bosco.
Pero Buck no se dio por vencido y finalmente el lobo comenzó a confiar en él.
Ma Buck non si arrese e alla fine il lupo imparò a fidarsi di lui.
Olió la nariz de Buck y los dos se pusieron juguetones y alertas.
Annusò il naso di Buck e i due diventarono giocosi e attenti.
Jugaban como animales salvajes, feroces pero tímidos en su alegría.
Giocavano come animali selvaggi, feroci ma timidi nella loro gioia.
Después de un rato, el lobo se alejó trotando con calma y propósito.
Dopo un po' il lupo trotterellò via con calma e decisione.
Le demostró claramente a Buck que tenía la intención de que lo siguieran.
Dimostrò chiaramente a Buck che intendeva essere seguito.
Corrieron uno al lado del otro a través de la penumbra del crepúsculo.
Correvano fianco a fianco nel buio della sera.
Siguieron el lecho del arroyo hasta el desfiladero rocoso.
Seguirono il letto del torrente fino alla gola rocciosa.
Cruzaron una divisoria fría donde había comenzado el arroyo.
Attraversarono un freddo spartiacque nel punto in cui aveva avuto origine il fiume.
En la ladera más alejada encontraron un extenso bosque y numerosos arroyos.
Sul pendio più lontano trovarono un'ampia foresta e molti corsi d'acqua.
Por esta vasta tierra corrieron durante horas sin parar.

Corsero per ore senza fermarsi attraverso quella terra immensa.
El sol salió más alto, el aire se calentó, pero ellos siguieron corriendo.
Il sole saliva sempre più alto, l'aria si faceva calda, ma loro continuavano a correre.
Buck estaba lleno de alegría: sabía que estaba respondiendo a su llamado.
Buck era pieno di gioia: sapeva di aver risposto alla sua chiamata.
Corrió junto a su hermano del bosque, más cerca de la fuente del llamado.
Corse accanto al fratello della foresta, più vicino alla fonte della chiamata.
Los viejos sentimientos regresaron, poderosos y difíciles de ignorar.
I vecchi sentimenti ritornano, potenti e difficili da ignorare.
Éstas eran las verdades detrás de los recuerdos de sus sueños.
Queste erano le verità nascoste nei ricordi dei suoi sogni.
Todo esto ya lo había hecho antes, en un mundo distante y sombrío.
Tutto questo lo aveva già fatto in un mondo lontano e oscuro.
Ahora lo hizo de nuevo, corriendo salvajemente con el cielo abierto encima.
Questa volta lo fece di nuovo, scatenandosi con il cielo aperto sopra di lui.
Se detuvieron en un arroyo para beber del agua fría que fluía.
Si fermarono presso un ruscello per bere l'acqua fredda che scorreva.
Mientras bebía, Buck de repente recordó a John Thornton.
Mentre beveva, Buck si ricordò improvvisamente di John Thornton.
Se sentó en silencio, desgarrado por la atracción de la lealtad y el llamado.

Si sedette in silenzio, lacerato dal sentimento di lealtà e dalla chiamata.
El lobo siguió trotando, pero regresó para impulsar a Buck a seguir adelante.
Il lupo continuò a trottare, ma tornò indietro per incitare Buck ad andare avanti.
Le olisqueó la nariz y trató de convencerlo con gestos suaves.
Gli annusò il naso e cercò di convincerlo con gesti gentili.
Pero Buck se dio la vuelta y comenzó a regresar por donde había venido.
Ma Buck si voltò e riprese a tornare indietro per la strada da cui era venuto.
El lobo corrió a su lado durante un largo rato, gimiendo silenciosamente.
Il lupo gli corse accanto per molto tempo, guaindo piano.
Luego se sentó, levantó la nariz y dejó escapar un largo aullido.
Poi si sedette, alzò il naso ed emise un lungo ululato.
Fue un grito triste, que se suavizó cuando Buck se alejó.
Era un grido lugubre, che si addolcì mentre Buck si allontanava.
Buck escuchó mientras el sonido del grito se desvanecía lentamente en el silencio del bosque.
Buck ascoltò mentre il suono del grido svaniva lentamente nel silenzio della foresta.
John Thornton estaba cenando cuando Buck irrumpió en el campamento.
John Thornton stava cenando quando Buck irruppe nell'accampamento.
Buck saltó sobre él salvajemente, lamiéndolo, mordiéndolo y haciéndolo caer.
Buck gli saltò addosso selvaggiamente, leccandolo, mordendolo e facendolo rotolare.
Lo derribó, se subió encima y le besó la cara.
Lo fece cadere, gli saltò sopra e gli baciò il viso.
Thornton lo llamó con cariño "hacer el tonto en general".
Thornton lo definì con affetto "fare il buffone".

Mientras tanto, maldijo a Buck suavemente y lo sacudió de un lado a otro.
Nel frattempo, imprecava dolcemente contro Buck e lo scuoteva avanti e indietro.
Durante dos días y dos noches enteras, Buck no abandonó el campamento ni una sola vez.
Per due interi giorni e due notti, Buck non lasciò l'accampamento nemmeno una volta.
Se mantuvo cerca de Thornton y nunca lo perdió de vista.
Si teneva vicino a Thornton e non lo perdeva mai di vista.
Lo siguió mientras trabajaba y lo observó mientras comía.
Lo seguiva mentre lavorava e lo osservava mentre mangiava.
Acompañaba a Thornton con sus mantas por la noche y lo salía cada mañana.
Di notte vedeva Thornton avvolto nelle sue coperte e ogni mattina lo vedeva uscire.
Pero pronto el llamado del bosque regresó, más fuerte que nunca.
Ma presto il richiamo della foresta ritornò, più forte che mai.
Buck volvió a inquietarse, agitado por los pensamientos del lobo salvaje.
Buck si sentì di nuovo irrequieto, agitato dal pensiero del lupo selvatico.
Recordó el terreno abierto y correr uno al lado del otro.
Ricordava la terra aperta e le corse fianco a fianco.
Comenzó a vagar por el bosque una vez más, solo y alerta.
Ricominciò a vagare nella foresta, solo e vigile.
Pero el hermano salvaje no regresó y el aullido no se escuchó.
Ma il fratello selvaggio non tornò e l'ululato non fu udito.
Buck comenzó a dormir a la intemperie, manteniéndose alejado durante días.
Buck cominciò a dormire all'aperto, restando lontano anche per giorni interi.
Una vez cruzó la alta divisoria donde había comenzado el arroyo.

Una volta attraversò l'alto spartiacque dove aveva origine il torrente.
Entró en la tierra de la madera oscura y de los arroyos anchos y fluidos.
Entrò nella terra degli alberi scuri e dei grandi corsi d'acqua.
Durante una semana vagó en busca de señales del hermano salvaje.
Vagò per una settimana alla ricerca di tracce del fratello selvaggio.
Mataba su propia carne y viajaba con pasos largos e incansables.
Uccideva la propria carne e viaggiava a passi lunghi e instancabili.
Pescaba salmón en un ancho río que llegaba al mar.
Pescò salmoni in un ampio fiume che arrivava fino al mare.
Allí luchó y mató a un oso negro enloquecido por los insectos.
Lì lottò e uccise un orso nero reso pazzo dagli insetti.
El oso estaba pescando y corrió ciegamente entre los árboles.
L'orso stava pescando e corse alla cieca tra gli alberi.
La batalla fue feroz y despertó el profundo espíritu de lucha de Buck.
La battaglia fu feroce e risvegliò il profondo spirito combattivo di Buck.
Dos días después, Buck regresó y encontró glotones en su presa.
Due giorni dopo, Buck tornò e trovò dei ghiottoni nei pressi della sua preda.
Una docena de ellos se pelearon con furia y ruidosidad por la carne.
Una dozzina di loro litigarono furiosamente e rumorosamente per la carne.
Buck cargó y los dispersó como hojas en el viento.
Buck caricò e li disperse come foglie al vento.
Dos lobos permanecieron atrás, silenciosos, sin vida e inmóviles para siempre.

Due lupi rimasero indietro: silenziosi, senza vita e immobili per sempre.
La sed de sangre se hizo más fuerte que nunca.
La sete di sangue divenne più forte che mai.
Buck era un cazador, un asesino, que se alimentaba de criaturas vivas.
Buck era un cacciatore, un assassino, che si nutriva di creature viventi.
Sobrevivió solo, confiando en su fuerza y sus sentidos agudos.
Sopravvisse da solo, affidandosi alla sua forza e ai suoi sensi acuti.
Prosperó en la naturaleza, donde sólo los más resistentes podían vivir.
Prosperava nella natura selvaggia, dove solo i più forti potevano sopravvivere.
A partir de esto, un gran orgullo surgió y llenó todo el ser de Buck.
Da ciò nacque un grande orgoglio che riempì tutto l'essere di Buck.
Su orgullo se reflejaba en cada uno de sus pasos, en el movimiento de cada músculo.
Il suo orgoglio traspariva da ogni passo, dal fremito di ogni muscolo.
Su orgullo era tan claro como sus palabras, y se reflejaba en su manera de comportarse.
Il suo orgoglio era evidente, come si vedeva dal suo comportamento.
Incluso su grueso pelaje parecía más majestuoso y brillaba más.
Persino il suo spesso mantello appariva più maestoso e splendeva di più.
Buck podría haber sido confundido con un lobo gigante.
Buck avrebbe potuto essere scambiato per un lupo grigio gigante.
A excepción del color marrón en el hocico y las manchas sobre los ojos.

A parte il marrone sul muso e le macchie sopra gli occhi.
Y la raya blanca de pelo que corría por el centro de su pecho.
E la striscia bianca di pelo che gli correva lungo il centro del petto.
Era incluso más grande que el lobo más grande de esa feroz raza.
Era addirittura più grande del più grande lupo di quella feroce razza.
Su padre, un San Bernardo, le dio tamaño y complexión robusta.
Suo padre, un San Bernardo, gli ha trasmesso la stazza e la corporatura robusta.
Su madre, una pastora, moldeó esa masa hasta darle forma de lobo.
Sua madre, una pastorella, plasmò quella mole conferendole la forma di un lupo.
Tenía el hocico largo de un lobo, aunque más pesado y ancho.
Aveva il muso lungo di un lupo, anche se più pesante e largo.
Su cabeza era la de un lobo, pero construida en una escala enorme y majestuosa.
La sua testa era quella di un lupo, ma di dimensioni enormi e maestose.
La astucia de Buck era la astucia del lobo y de la naturaleza.
L'astuzia di Buck era l'astuzia del lupo e della natura selvaggia.
Su inteligencia provenía tanto del pastor alemán como del san bernardo.
La sua intelligenza gli venne sia dal Pastore Tedesco che dal San Bernardo.
Todo esto, más la dura experiencia, lo convirtieron en una criatura temible.
Tutto ciò, unito alla dura esperienza, lo rese una creatura temibile.
Era tan formidable como cualquier bestia que vagaba por las tierras salvajes del norte.

Era formidabile quanto qualsiasi animale che vagasse nelle terre selvagge del nord.

Viviendo sólo de carne, Buck alcanzó el máximo nivel de su fuerza.

Nutrendosi solo di carne, Buck raggiunse l'apice della sua forza.

Rebosaba poder y fuerza masculina en cada fibra de él.

Trasudava potenza e forza maschile in ogni fibra del suo corpo.

Cuando Thornton le acarició la espalda, sus pelos brillaron con energía.

Quando Thornton gli accarezzò la schiena, i peli brillarono di energia.

Cada cabello crujió, cargado con el toque de un magnetismo vivo.

Ogni capello scricchiolava, carico del tocco di un magnetismo vivente.

Su cuerpo y su cerebro estaban afinados al máximo nivel posible.

Il suo corpo e il suo cervello erano sintonizzati sulla tonalità più fine possibile.

Cada nervio, fibra y músculo trabajaba en perfecta armonía.

Ogni nervo, ogni fibra e ogni muscolo lavoravano in perfetta armonia.

Ante cualquier sonido o visión que requiriera acción, él respondía instantáneamente.

A qualsiasi suono o visione che richiedesse un intervento, rispondeva immediatamente.

Si un husky saltaba para atacar, Buck podía saltar el doble de rápido.

Se un husky saltava per attaccare, Buck poteva saltare due volte più velocemente.

Reaccionó más rápido de lo que los demás pudieron verlo o escuchar.

Reagì più rapidamente di quanto gli altri potessero vedere o sentire.

La percepción, la decisión y la acción se produjeron en un momento fluido.
Percezione, decisione e azione avvennero tutte in un unico, fluido istante.
En realidad, estos actos fueron separados, pero demasiado rápidos para notarlos.
In realtà si tratta di atti separati, ma troppo rapidi per essere notati.
Los intervalos entre estos actos fueron tan breves que parecían uno solo.
Gli intervalli tra questi atti erano così brevi che sembravano uno solo.
Sus músculos y su ser eran como resortes fuertemente enrollados.
I suoi muscoli e il suo essere erano come molle strettamente avvolte.
Su cuerpo rebosaba de vida, salvaje y alegre en su poder.
Il suo corpo traboccava di vita, selvaggia e gioiosa nella sua potenza.
A veces sentía como si la fuerza fuera a estallar fuera de él por completo.
A volte aveva la sensazione che la forza stesse per esplodere completamente dentro di lui.
"Nunca vi un perro así", dijo Thornton un día tranquilo.
"Non c'è mai stato un cane simile", disse Thornton un giorno tranquillo.
Los socios observaron a Buck alejarse orgullosamente del campamento.
I soci osservarono Buck uscire fiero dall'accampamento.
"Cuando lo crearon, cambió lo que un perro puede ser", dijo Pete.
"Quando è stato creato, ha cambiato il modo in cui un cane può essere", ha detto Pete.
—¡Por Dios! Yo también lo creo —respondió Hans rápidamente.
"Per Dio! Lo penso anch'io", concordò subito Hans.
Lo vieron marcharse, pero no el cambio que vino después.

Lo videro allontanarsi, ma non il cambiamento che avvenne dopo.
Tan pronto como entró en el bosque, Buck se transformó por completo.
Non appena entrò nel bosco, Buck si trasformò completamente.
Ya no marchaba, sino que se movía como un fantasma salvaje entre los árboles.
Non marciava più, ma si muoveva come uno spettro selvaggio tra gli alberi.
Se quedó en silencio, con pasos de gato, un destello que pasaba entre las sombras.
Divenne silenzioso, come un gatto, un bagliore che attraversava le ombre.
Utilizó la cubierta con habilidad, arrastrándose sobre su vientre como una serpiente.
Usava la copertura con abilità, strisciando sulla pancia come un serpente.
Y como una serpiente, podía saltar hacia adelante y atacar en silencio.
E come un serpente, sapeva balzare in avanti e colpire in silenzio.
Podría robar una perdiz nival directamente de su nido escondido.
Potrebbe rubare una pernice bianca direttamente dal suo nido nascosto.
Mató conejos dormidos sin hacer un solo sonido.
Uccideva i conigli addormentati senza emettere alcun suono.
Podía atrapar ardillas en el aire cuando huían demasiado lentamente.
Riusciva a catturare gli scoiattoli a mezz'aria anche se fuggivano troppo lentamente.
Ni siquiera los peces en los estanques podían escapar de sus ataques repentinos.
Nemmeno i pesci nelle pozze riuscivano a sfuggire ai suoi attacchi improvvisi.

Ni siquiera los castores más inteligentes que arreglaban presas estaban a salvo de él.
Nemmeno i furbi castori impegnati a riparare le dighe erano al sicuro da lui.
Él mataba por comida, no por diversión, pero prefería matar a sus propias víctimas.
Uccideva per nutrirsi, non per divertirsi, ma preferiva uccidere le proprie vittime.
Aun así, un humor astuto impregnaba algunas de sus cacerías silenciosas.
Eppure, un umorismo subdolo permeava alcune delle sue cacce silenziose.
Se acercó sigilosamente a las ardillas, pero las dejó escapar.
Si avvicinò furtivamente agli scoiattoli, solo per lasciarli scappare.
Iban a huir hacia los árboles, parloteando con terrible indignación.
Stavano per fuggire tra gli alberi, chiacchierando con rabbia e paura.
A medida que llegaba el otoño, los alces comenzaron a aparecer en mayor número.
Con l'arrivo dell'autunno, le alci cominciarono ad apparire in numero maggiore.
Avanzaron lentamente hacia los valles bajos para encontrarse con el invierno.
Si spostarono lentamente verso le basse valli per affrontare l'inverno.
Buck ya había derribado a un ternero joven y perdido.
Buck aveva già abbattuto un giovane vitello randagio.
Pero anhelaba enfrentarse a presas más grandes y peligrosas.
Ma lui desiderava ardentemente affrontare prede più grandi e pericolose.
Un día, en la divisoria, a la altura del nacimiento del arroyo, encontró su oportunidad.
Un giorno, sul crinale, alla sorgente del torrente, trovò la sua occasione.

Una manada de veinte alces había cruzado desde tierras boscosas.
Una mandria di venti alci era giunta da terre boscose.
Entre ellos había un poderoso toro; el líder del grupo.
Tra loro c'era un possente toro, il capo del gruppo.
El toro medía más de seis pies de alto y parecía feroz y salvaje.
Il toro era alto più di due metri e mezzo e appariva feroce e selvaggio.
Lanzó sus anchas astas, con catorce puntas ramificándose hacia afuera.
Lanciò le sue grandi corna, le cui quattordici punte si diramavano verso l'esterno.
Las puntas de esas astas se extendían siete pies de ancho.
Le punte di quelle corna si estendevano per due metri.
Sus pequeños ojos ardieron de rabia cuando vio a Buck cerca.
I suoi piccoli occhi ardevano di rabbia quando vide Buck lì vicino.
Soltó un rugido furioso, temblando de furia y dolor.
Emise un ruggito furioso, tremando di rabbia e dolore.
Una punta de flecha sobresalía cerca de su flanco, emplumada y afilada.
Vicino al suo fianco spuntava la punta di una freccia, appuntita e piumata.
Esta herida ayudó a explicar su humor salvaje y amargado.
Questa ferita contribuì a spiegare il suo umore selvaggio e amareggiato.
Buck, guiado por su antiguo instinto de caza, hizo su movimiento.
Buck, guidato dall'antico istinto di caccia, fece la sua mossa.
Su objetivo era separar al toro del resto de la manada.
Il suo obiettivo era separare il toro dal resto della mandria.
No fue una tarea fácil: requirió velocidad y una astucia feroz.
Non era un compito facile: richiedeva velocità e una grande astuzia.
Ladró y bailó cerca del toro, fuera de su alcance.

Abbaiava e danzava vicino al toro, appena fuori dalla sua portata.
El alce atacó con enormes pezuñas y astas mortales.
L'alce si lanciò con enormi zoccoli e corna mortali.
Un golpe podría haber acabado con la vida de Buck en un instante.
Un colpo avrebbe potuto porre fine alla vita di Buck in un batter d'occhio.
Incapaz de dejar atrás la amenaza, el toro se volvió loco.
Incapace di abbandonare la minaccia, il toro si infuriò.
Él cargó con furia, pero Buck siempre se le escapaba.
Lui caricava con furia, ma Buck riusciva sempre a sfuggirgli.
Buck fingió debilidad, lo que lo alejó aún más de la manada.
Buck finse di essere debole, allontanandosi ulteriormente dalla mandria.
Pero los toros jóvenes estaban a punto de atacar para proteger al líder.
Ma i giovani tori sarebbero tornati alla carica per proteggere il capo.
Obligaron a Buck a retirarse y al toro a reincorporarse al grupo.
Costrinsero Buck a ritirarsi e il toro a ricongiungersi al gruppo.
Hay una paciencia en lo salvaje, profunda e imparable.
C'è una pazienza nella natura selvaggia, profonda e inarrestabile.
Una araña espera inmóvil en su red durante incontables horas.
Un ragno resta immobile nella sua tela per innumerevoli ore.
Una serpiente se enrosca sin moverse y espera hasta que llega el momento.
Un serpente si avvolge su se stesso senza contrarsi e aspetta il momento giusto.
Una pantera acecha hasta que llega el momento.
Una pantera è in agguato, finché non arriva il momento.
Ésta es la paciencia de los depredadores que cazan para sobrevivir.

Questa è la pazienza dei predatori che cacciano per sopravvivere.
Esa misma paciencia ardía dentro de Buck mientras se quedaba cerca.
La stessa pazienza ardeva dentro Buck mentre gli restava accanto.
Se quedó cerca de la manada, frenando su marcha y sembrando el miedo.
Rimase vicino alla mandria, rallentandone la marcia e incutendo timore.
Provocaba a los toros jóvenes y acosaba a las vacas madres.
Provocava i giovani tori e molestava le mucche madri.
Empujó al toro herido hacia una rabia más profunda e impotente.
Spinse il toro ferito in una rabbia ancora più profonda e impotente.
Durante medio día, la lucha se prolongó sin descanso alguno.
Per mezza giornata il combattimento si trascinò senza alcuna tregua.
Buck atacó desde todos los ángulos, rápido y feroz como el viento.
Buck attaccò da ogni angolazione, veloce e feroce come il vento.
Impidió que el toro descansara o se escondiera con su manada.
Impedì al toro di riposare o di nascondersi con la mandria.
Buck desgastó la voluntad del alce más rápido que su cuerpo.
Buck logorò la volontà dell'alce più velocemente del suo corpo.
El día transcurrió y el sol se hundió en el cielo del noroeste.
Il giorno passò e il sole tramontò basso nel cielo a nord-ovest.
Los toros jóvenes regresaron más lentamente para ayudar a su líder.
I giovani tori tornarono più lentamente per aiutare il loro capo.

Las noches de otoño habían regresado y la oscuridad ahora duraba seis horas.
Erano tornate le notti autunnali e il buio durava ormai sei ore.
El invierno los estaba empujando cuesta abajo hacia valles más seguros y cálidos.
L'inverno li spingeva verso valli più sicure e calde.
Pero aún así no pudieron escapar del cazador que los retenía.
Ma non riuscirono comunque a sfuggire al cacciatore che li tratteneva.
Sólo una vida estaba en juego: no la de la manada, sino la de su líder.
Era in gioco solo una vita: non quella del branco, ma quella del loro capo.
Eso hizo que la amenaza fuera distante y no su preocupación urgente.
Ciò rendeva la minaccia lontana e non una loro preoccupazione urgente.
Con el tiempo, aceptaron ese coste y dejaron que Buck se llevara al viejo toro.
Col tempo accettarono questo prezzo e lasciarono che Buck prendesse il vecchio toro.
Al caer la tarde, el viejo toro permanecía con la cabeza gacha.
Mentre calava il crepuscolo, il vecchio toro rimase in piedi con la testa bassa.
Observó cómo la manada que había guiado se desvanecía en la luz que se desvanecía.
Guardò la mandria che aveva guidato svanire nella luce morente.
Había vacas que había conocido, terneros que una vez había engendrado.
C'erano mucche che aveva conosciuto, vitelli che un tempo aveva generato.
Había toros más jóvenes con los que había luchado y gobernado en temporadas pasadas.
C'erano tori più giovani con cui aveva combattuto e che aveva dominato nelle stagioni passate.

No pudo seguirlos, pues frente a él estaba agazapado nuevamente Buck.
Non poteva seguirli, perché davanti a lui era di nuovo accovacciato Buck.
El terror despiadado con colmillos bloqueó cualquier camino que pudiera tomar.
Il terrore spietato e zannuto gli bloccava ogni via che potesse percorrere.
El toro pesaba más de trescientos kilos de densa potencia.
Il toro pesava più di trecento chili di potenza densa.
Había vivido mucho tiempo y luchado con ahínco en un mundo de luchas.
Aveva vissuto a lungo e lottato duramente in un mondo di difficoltà.
Pero ahora, al final, la muerte vino de una bestia muy inferior a él.
Eppure, alla fine, la morte gli venne commessa da una bestia molto più bassa di lui.
La cabeza de Buck ni siquiera llegó a alcanzar las enormes rodillas del toro.
La testa di Buck non arrivò nemmeno alle enormi ginocchia noccate del toro.
A partir de ese momento, Buck permaneció con el toro noche y día.
Da quel momento in poi, Buck rimase con il toro notte e giorno.
Nunca le dio descanso, nunca le permitió pastar ni beber.
Non gli dava mai tregua, non gli permetteva mai di brucare o bere.
El toro intentó comer brotes tiernos de abedul y hojas de sauce.
Il toro cercò di mangiare giovani germogli di betulla e foglie di salice.
Pero Buck lo ahuyentó, siempre alerta y siempre atacando.
Ma Buck lo scacciò, sempre all'erta e sempre all'attacco.
Incluso ante arroyos que goteaban, Buck bloqueó cada intento de sed.

Anche nei torrenti che scorrevano, Buck bloccava ogni assetato tentativo.

A veces, desesperado, el toro huía a toda velocidad.

A volte, in preda alla disperazione, il toro fuggiva a tutta velocità.

Buck lo dejó correr, trotando tranquilamente detrás, nunca muy lejos.

Buck lo lasciò correre, avanzando tranquillamente dietro di lui, senza mai allontanarsi troppo.

Cuando el alce se detuvo, Buck se acostó, pero se mantuvo listo.

Quando l'alce si fermò, Buck si sdraiò, ma rimase pronto.

Si el toro intentaba comer o beber, Buck atacaba con toda furia.

Se il toro provava a mangiare o a bere, Buck colpiva con tutta la sua furia.

La gran cabeza del toro se hundió aún más bajo sus enormes astas.

La grande testa del toro si abbassava sotto le enormi corna.

Su paso se hizo más lento, el trote se hizo pesado, un paso tambaleante.

Il suo passo rallentò, il trotto divenne pesante, un'andatura barcollante.

A menudo se quedaba quieto con las orejas caídas y la nariz pegada al suelo.

Spesso restava immobile con le orecchie abbassate e il naso rivolto verso il terreno.

Durante esos momentos, Buck se tomó tiempo para beber y descansar.

In quei momenti Buck si prese del tempo per bere e riposare.

Con la lengua afuera y los ojos fijos, Buck sintió que la tierra estaba cambiando.

Con la lingua fuori e gli occhi fissi, Buck sentì che la terra stava cambiando.

Sintió algo nuevo moviéndose a través del bosque y el cielo.

Sentì qualcosa di nuovo muoversi nella foresta e nel cielo.

A medida que los alces regresaban, también lo hacían otras criaturas salvajes.
Con il ritorno delle alci tornarono anche altre creature selvatiche.

La tierra se sentía viva, con presencia, invisible pero fuertemente conocida.
La terra sembrava viva di una presenza invisibile ma fortemente nota.

No fue por el sonido, ni por la vista, ni por el olfato que Buck supo esto.
Buck non lo sapeva tramite l'udito, la vista o l'olfatto.

Un sentimiento más profundo le decía que nuevas fuerzas estaban en movimiento.
Un sentimento più profondo gli diceva che nuove forze erano in movimento.

Una vida extraña se agitaba en los bosques y a lo largo de los arroyos.
Una strana vita si agitava nei boschi e lungo i corsi d'acqua.

Decidió explorar este espíritu, después de que la caza se completara.
Decise di esplorare questo spirito una volta completata la caccia.

Al cuarto día, Buck finalmente logró derribar al alce.
Il quarto giorno, Buck riuscì finalmente a catturare l'alce.

Se quedó junto a la presa durante un día y una noche enteros, alimentándose y descansando.
Rimase nei pressi della preda per un giorno e una notte interi, nutrendosi e riposandosi.

Comió, luego durmió, luego volvió a comer, hasta que estuvo fuerte y lleno.
Mangiò, poi dormì, poi mangiò ancora, finché non fu forte e sazio.

Cuando estuvo listo, regresó hacia el campamento y Thornton.
Quando fu pronto, tornò indietro verso l'accampamento e Thornton.

Con ritmo constante, inició el largo viaje de regreso a casa.

Con passo costante iniziò il lungo viaggio di ritorno verso casa.
Corría con su incansable galope, hora tras hora, sin desviarse jamás.
Correva con la sua andatura instancabile, ora dopo ora, senza mai smarrirsi.
A través de tierras desconocidas, se movió recto como la aguja de una brújula.
Attraverso terre sconosciute, si muoveva dritto come l'ago di una bussola.
Su sentido de la orientación hacía que el hombre y el mapa parecieran débiles en comparación.
Il suo senso dell'orientamento faceva sembrare deboli, al confronto, l'uomo e la mappa.
A medida que Buck corría, sentía con más fuerza la agitación en la tierra salvaje.
Mentre Buck correva, sentiva sempre più forte l'agitazione nella terra selvaggia.
Era un nuevo tipo de vida, diferente a la de los tranquilos meses de verano.
Era un nuovo tipo di vita, diverso da quello dei tranquilli mesi estivi.
Este sentimiento ya no llegaba como un mensaje sutil o distante.
Questa sensazione non giungeva più come un messaggio sottile o distante.
Ahora los pájaros hablaban de esta vida y las ardillas parloteaban sobre ella.
Ora gli uccelli parlavano di questa vita e gli scoiattoli chiacchieravano.
Incluso la brisa susurraba advertencias a través de los árboles silenciosos.
Persino la brezza sussurrava avvertimenti tra gli alberi silenziosi.
Varias veces se detuvo y olió el aire fresco de la mañana.
Più volte si fermò ad annusare l'aria fresca del mattino.
Allí leyó un mensaje que le hizo avanzar más rápido.

Lì lesse un messaggio che lo fece fare un balzo in avanti più velocemente.
Una fuerte sensación de peligro lo llenó, como si algo hubiera salido mal.
Fu pervaso da un forte senso di pericolo, come se qualcosa fosse andato storto.
Temía que se avecinara una calamidad, o que ya hubiera ocurrido.
Temeva che la calamità stesse per arrivare, o che fosse già arrivata.
Cruzó la última cresta y entró en el valle de abajo.
Superò l'ultima cresta ed entrò nella valle sottostante.
Se movió más lentamente, alerta y cauteloso con cada paso.
Si muoveva più lentamente, attento e cauto a ogni passo.
A tres millas de distancia encontró un nuevo rastro que lo hizo ponerse rígido.
Dopo tre miglia trovò una pista fresca che lo fece irrigidire.
El cabello de su cuello se onduló y se erizó en señal de alarma.
I peli sul collo si rizzarono e si rizzarono in segno di allarme.
El sendero conducía directamente al campamento donde Thornton esperaba.
Il sentiero portava dritto all'accampamento dove Thornton aspettava.
Buck se movió más rápido ahora, su paso era silencioso y rápido.
Buck ora si muoveva più velocemente, con passi silenziosi e rapidi.
Sus nervios se tensaron al leer señales que otros no verían.
I suoi nervi si irrigidirono mentre leggeva segnali che altri non avrebbero notato.
Cada detalle del recorrido contaba una historia, excepto la pieza final.
Ogni dettaglio del percorso raccontava una storia, tranne l'ultimo pezzo.
Su nariz le contaba sobre la vida que había transcurrido por allí.

Il suo naso gli raccontò della vita che aveva trascorso lì.
El olor le dio una imagen cambiante mientras lo seguía de cerca.
L'odore gli fornì un'immagine mutevole mentre lo seguiva da vicino.
Pero el bosque mismo había quedado en silencio; anormalmente quieto.
Ma la foresta stessa era diventata silenziosa, innaturalmente immobile.
Los pájaros habían desaparecido, las ardillas estaban escondidas, silenciosas y quietas.
Gli uccelli erano scomparsi, gli scoiattoli erano nascosti, silenziosi e immobili.
Sólo vio una ardilla gris, tumbada sobre un árbol muerto.
Vide solo uno scoiattolo grigio, sdraiato su un albero morto.
La ardilla se mimetizó, rígida e inmóvil como una parte del bosque.
Lo scoiattolo si mimetizzava, rigido e immobile come una parte della foresta.
Buck se movía como una sombra, silencioso y seguro entre los árboles.
Buck si muoveva come un'ombra, silenzioso e sicuro tra gli alberi.
Su nariz se movió hacia un lado como si una mano invisible la tirara.
Il suo naso si mosse di lato come se fosse stato tirato da una mano invisibile.
Se giró y siguió el nuevo olor hasta lo profundo de un matorral.
Si voltò e seguì il nuovo odore nel profondo di un boschetto.
Allí encontró a Nig, que yacía muerto, atravesado por una flecha.
Lì trovò Nig, steso morto, trafitto da una freccia.
La flecha atravesó su cuerpo y aún se le veían las plumas.
La freccia gli attraversò il corpo, lasciando ancora visibili le piume.

Nig se arrastró hasta allí, pero murió antes de llegar para recibir ayuda.
Nig si era trascinato fin lì, ma era morto prima di riuscire a raggiungere i soccorsi.
Cien metros más adelante, Buck encontró otro perro de trineo.
Cento metri più avanti, Buck trovò un altro cane da slitta.
Era un perro que Thornton había comprado en Dawson City.
Era un cane che Thornton aveva comprato a Dawson City.
El perro se encontraba en una lucha a muerte, agitándose con fuerza en el camino.
Il cane lottava con tutte le sue forze, dimenandosi violentemente sul sentiero.
Buck pasó a su alrededor, sin detenerse, con los ojos fijos hacia adelante.
Buck gli passò accanto senza fermarsi, con gli occhi fissi davanti a sé.
Desde la dirección del campamento llegaba un canto distante y rítmico.
Dalla direzione dell'accampamento proveniva un canto lontano e ritmico.
Las voces subían y bajaban en un tono extraño, inquietante y cantarín.
Le voci si alzavano e si abbassavano con un tono strano, inquietante, cantilenante.
Buck se arrastró hacia el borde del claro en silencio.
Buck strisciò in silenzio fino al limite della radura.
Allí vio a Hans tendido boca abajo, atravesado por muchas flechas.
Lì vide Hans disteso a faccia in giù, trafitto da numerose frecce.
Su cuerpo parecía el de un puercoespín, erizado de plumas.
Il suo corpo sembrava quello di un porcospino, irto di penne.
En ese mismo momento, Buck miró hacia la cabaña en ruinas.
Nello stesso momento, Buck guardò verso la capanna in rovina.

La visión hizo que se le erizara el pelo de la nuca y de los hombros.
Quella vista gli fece rizzare i capelli sul collo e sulle spalle.
Una tormenta de furia salvaje recorrió todo el cuerpo de Buck.
Un'ondata di rabbia selvaggia travolse tutto il corpo di Buck.
Gruñó en voz alta, aunque no sabía que lo había hecho.
Ringhiò forte, anche se non ne era consapevole.
El sonido era crudo, lleno de furia aterradora y salvaje.
Il suono era crudo, pieno di una furia terrificante e selvaggia.
Por última vez en su vida, Buck perdió la razón ante la emoción.
Per l'ultima volta nella sua vita, Buck perse la ragione a causa delle emozioni.
Fue el amor por John Thornton lo que rompió su cuidadoso control.
Fu l'amore per John Thornton a spezzare il suo attento controllo.
Los Yeehats estaban bailando alrededor de la cabaña de abetos en ruinas.
Gli Yeehats ballavano attorno alla baita in legno di abete rosso distrutta.
Entonces se escuchó un rugido y una bestia desconocida cargó hacia ellos.
Poi si udì un ruggito e una bestia sconosciuta si lanciò verso di loro.
Era Buck; una furia en movimiento; una tormenta viviente de venganza.
Era Buck: una furia in movimento, una tempesta vivente di vendetta.
Se arrojó en medio de ellos, loco por la necesidad de matar.
Si gettò in mezzo a loro, folle di voglia di uccidere.
Saltó hacia el primer hombre, el jefe Yeehat, y acertó.
Si lanciò contro il primo uomo, il capo Yeehat, e colpì nel segno.
Su garganta fue desgarrada y la sangre brotó a chorros.
La sua gola era squarciata e il sangue schizzava a fiotti.

Buck no se detuvo, sino que desgarró la garganta del siguiente hombre de un salto.
Buck non si fermò, ma con un balzo squarciò la gola dell'uomo successivo.
Era imparable: desgarraba, cortaba y nunca se detenía a descansar.
Era inarrestabile: squarciava, tagliava, non si fermava mai a riposare.
Se lanzó y saltó tan rápido que sus flechas no pudieron tocarlo.
Si lanciò e balzò così velocemente che le loro frecce non riuscirono a toccarlo.
Los Yeehats estaban atrapados en su propio pánico y confusión.
Gli Yeehats erano in preda al panico e alla confusione.
Sus flechas no alcanzaron a Buck y se alcanzaron entre sí.
Le loro frecce non colpirono Buck e si colpirono tra loro.
Un joven le lanzó una lanza a Buck y golpeó a otro hombre.
Un giovane scagliò una lancia contro Buck e colpì un altro uomo.
La lanza le atravesó el pecho y la punta le atravesó la espalda.
La lancia gli trapassò il petto e la punta gli trafisse la schiena.
El terror se apoderó de los Yeehats y se retiraron por completo.
Il terrore travolse gli Yeehats, che si diedero alla ritirata.
Gritaron al Espíritu Maligno y huyeron hacia las sombras del bosque.
Urlarono allo Spirito Maligno e fuggirono nelle ombre della foresta.
En verdad, Buck era como un demonio mientras perseguía a los Yeehats.
Buck era davvero come un demone mentre inseguiva gli Yeehats.
Él los persiguió a través del bosque, derribándolos como si fueran ciervos.
Li inseguì attraverso la foresta, abbattendoli come cervi.

Se convirtió en un día de destino y terror para los asustados Yeehats.
Divenne un giorno di destino e terrore per gli spaventati Yeehats.
Se dispersaron por toda la tierra, huyendo lejos en todas direcciones.
Si dispersero sul territorio, fuggendo in ogni direzione.
Pasó una semana entera antes de que los últimos supervivientes se reunieran en un valle.
Passò un'intera settimana prima che gli ultimi sopravvissuti si incontrassero in una valle.
Sólo entonces contaron sus pérdidas y hablaron de lo sucedido.
Solo allora contarono le perdite e raccontarono quanto accaduto.
Buck, después de cansarse de la persecución, regresó al campamento en ruinas.
Buck, stanco dell'inseguimento, ritornò all'accampamento in rovina.
Encontró a Pete, todavía en sus mantas, muerto en el primer ataque.
Trovò Pete, ancora avvolto nelle coperte, ucciso nel primo attacco.
Las señales de la última lucha de Thornton estaban marcadas en la tierra cercana.
I segni dell'ultima lotta di Thornton erano visibili nella terra lì vicino.
Buck siguió cada rastro, olfateando cada marca hasta un punto final.
Buck seguì ogni traccia, annusando ogni segno fino al punto finale.
En el borde de un estanque profundo, encontró al fiel Skeet, tumbado inmóvil.
Sul bordo di una profonda pozza trovò il fedele Skeet, immobile.
La cabeza y las patas delanteras de Skeet estaban en el agua, inmóviles por la muerte.

La testa e le zampe anteriori di Skeet erano nell'acqua, immobili nella morte.

La piscina estaba fangosa y contaminada por el agua que salía de las compuertas.

La piscina era fangosa e contaminata dai liquidi di scarico delle chiuse.

Su superficie nublada ocultaba lo que había debajo, pero Buck sabía la verdad.

La sua superficie torbida nascondeva ciò che si trovava sotto, ma Buck conosceva la verità.

Siguió el rastro del olor de Thornton hasta la piscina, pero el olor no lo condujo a ningún otro lugar.

Seguì l'odore di Thornton nella piscina, ma non lo portò da nessun'altra parte.

No había ningún olor que indicara que salía, solo el silencio de las aguas profundas.

Non c'era alcun odore che provenisse, solo il silenzio dell'acqua profonda.

Buck permaneció todo el día cerca de la piscina, paseando de un lado a otro del campamento con tristeza.

Buck rimase tutto il giorno vicino alla piscina, camminando avanti e indietro per l'accampamento, addolorato.

Vagaba inquieto o permanecía sentado en silencio, perdido en pesados pensamientos.

Vagava irrequieto o sedeva immobile, immerso nei suoi pensieri.

Él conocía la muerte; el fin de la vida; la desaparición de todo movimiento.

Conosceva la morte, la fine della vita, la scomparsa di ogni movimento.

Comprendió que John Thornton se había ido y que nunca regresaría.

Capì che John Thornton se n'era andato e non sarebbe mai più tornato.

La pérdida dejó en él un vacío que palpitaba como el hambre.

La perdita lasciò in lui un vuoto che pulsava come la fame.

Pero ésta era un hambre que la comida no podía calmar, por mucho que comiera.
Ma questa era una fame che il cibo non riusciva a placare, non importava quanto ne mangiasse.
A veces, mientras miraba a los Yeehats muertos, el dolor se desvanecía.
A volte, mentre guardava i cadaveri di Yeehats, il dolore si attenuava.
Y entonces un orgullo extraño surgió dentro de él, feroz y completo.
E poi dentro di lui nacque uno strano orgoglio, feroce e totale.
Había matado al hombre, la presa más alta y peligrosa de todas.
Aveva ucciso l'uomo, la preda più alta e pericolosa di tutte.
Había matado desafiando la antigua ley del garrote y el colmillo.
Aveva ucciso in violazione dell'antica legge del bastone e della zanna.
Buck olió sus cuerpos sin vida, curioso y pensativo.
Buck annusò i loro corpi senza vita, curioso e pensieroso.
Habían muerto con tanta facilidad, mucho más fácil que un husky en una pelea.
Erano morti così facilmente, molto più facilmente di un husky in combattimento.
Sin sus armas, no tenían verdadera fuerza ni representaban una amenaza.
Senza le armi non avrebbero avuto vera forza né avrebbero rappresentato una minaccia.
Buck nunca volvería a temerles, a menos que estuvieran armados.
Buck non avrebbe più avuto paura di loro, a meno che non fossero stati armati.
Sólo tenía cuidado cuando llevaban garrotes, lanzas o flechas.
Stava attento solo quando portavano clave, lance o frecce.

Cayó la noche y la luna llena se elevó por encima de las copas de los árboles.
Calò la notte e la luna piena spuntò alta sopra le cime degli alberi.

La pálida luz de la luna bañaba la tierra con un resplandor suave y fantasmal, como el del día.
La pallida luce della luna avvolgeva la terra in un tenue e spettrale chiarore, come se fosse giorno.

A medida que la noche avanzaba, Buck seguía de luto junto al estanque silencioso.
Mentre la notte avanzava, Buck continuava a piangere presso la pozza silenziosa.

Entonces se dio cuenta de que había un movimiento diferente en el bosque.
Poi si accorse di un diverso movimento nella foresta.

El movimiento no provenía de los Yeehats, sino de algo más antiguo y más profundo.
L'agitazione non proveniva dagli Yeehats, ma da qualcosa di più antico e profondo.

Se puso de pie, con las orejas levantadas y la nariz palpando la brisa con cuidado.
Si alzò in piedi, drizzò le orecchie e tastò con attenzione la brezza con il naso.

Desde lejos llegó un grito débil y agudo que rompió el silencio.
Da lontano giunse un debole e acuto grido che squarciò il silenzio.

Luego, un coro de gritos similares siguió de cerca al primero.
Poi un coro di grida simili seguì subito dopo il primo.

El sonido se acercaba cada vez más y se hacía más fuerte a cada momento que pasaba.
Il suono si avvicinava sempre di più, diventando sempre più forte con il passare dei minuti.

Buck conocía ese grito: venía de ese otro mundo en su memoria.
Buck conosceva quel grido: proveniva da quell'altro mondo nella sua memoria.

Caminó hasta el centro del espacio abierto y escuchó atentamente.
Si recò al centro dello spazio aperto e ascoltò attentamente.
El llamado resonó, múltiple y más poderoso que nunca.
L'appello risuonò più forte che mai, più sentito e più potente che mai.
Y ahora, más que nunca, Buck estaba listo para responder a su llamado.
E ora, più che mai, Buck era pronto a rispondere alla sua chiamata.
John Thornton había muerto y ya no tenía ningún vínculo con el hombre.
John Thornton era morto e in lui non era rimasto alcun legame con l'uomo.
El hombre y todos sus derechos humanos habían desaparecido: él era libre por fin.
L'uomo e tutte le pretese umane erano svaniti: era finalmente libero.
La manada de lobos estaba persiguiendo carne como lo hicieron alguna vez los Yeehats.
Il branco di lupi era a caccia di carne, proprio come un tempo avevano fatto gli Yeehats.
Habían seguido a los alces desde las tierras boscosas.
Avevano seguito le alci mentre scendevano dalle terre boscose.
Ahora, salvajes y hambrientos de presa, cruzaron hacia su valle.
Ora, selvaggi e affamati di prede, attraversarono la sua valle.
Llegaron al claro iluminado por la luna, fluyendo como agua plateada.
Giunsero nella radura illuminata dalla luna, scorrendo come acqua argentata.
Buck permaneció quieto en el centro, inmóvil y esperándolos.
Buck rimase immobile al centro, in attesa.
Su tranquila y gran presencia dejó a la manada en un breve silencio.

La sua presenza calma e imponente lasciò il branco senza parole, tanto da farlo restare per un breve periodo in silenzio.
Entonces el lobo más atrevido saltó hacia él sin dudarlo.
Allora il lupo più audace gli saltò addosso senza esitazione.
Buck atacó rápidamente y rompió el cuello del lobo de un solo golpe.
Buck colpì rapidamente e spezzò il collo del lupo con un solo colpo.
Se quedó inmóvil nuevamente mientras el lobo moribundo se retorcía detrás de él.
Rimase di nuovo immobile mentre il lupo morente si contorceva dietro di lui.
Tres lobos más atacaron rápidamente, uno tras otro.
Altri tre lupi attaccarono rapidamente, uno dopo l'altro.
Todos retrocedieron sangrando, con la garganta o los hombros destrozados.
Ognuno di loro si ritrasse sanguinante, con la gola o le spalle tagliate.
Eso fue suficiente para que toda la manada se lanzara a una carga salvaje.
Ciò fu sufficiente a scatenare una carica selvaggia da parte dell'intero branco.
Se precipitaron juntos, demasiado ansiosos y apiñados para golpear bien.
Si precipitarono tutti insieme, troppo impazienti e troppo ammassati per colpire bene.
La velocidad y habilidad de Buck le permitieron mantenerse por delante del ataque.
La velocità e l'abilità di Buck gli permisero di anticipare l'attacco.
Giró sobre sus patas traseras, chasqueando y golpeando en todas direcciones.
Girò sulle zampe posteriori, schioccando i denti e colpendo in tutte le direzioni.
Para los lobos, esto parecía como si su defensa nunca se abriera ni flaqueara.

Ai lupi sembrò che la sua difesa non si fosse mai aperta o avesse vacillato.
Se giró y atacó tan rápido que no pudieron alcanzarlo.
Si voltò e colpì così velocemente che non riuscirono a raggiungerlo alle spalle.
Sin embargo, su número le obligó a ceder terreno y retroceder.
Ciononostante, il loro numero lo costrinse a cedere terreno e a ritirarsi.
Pasó junto a la piscina y bajó al lecho rocoso del arroyo.
Superò la piscina e scese nel letto roccioso del torrente.
Allí se topó con un empinado banco de grava y tierra.
Lì si imbatté in un ripido pendio di ghiaia e terra.
Se metió en un rincón cortado durante la antigua excavación de los mineros.
Si è infilato in un angolo scavato durante i vecchi scavi dei minatori.
Ahora, protegido por tres lados, Buck se enfrentaba únicamente al lobo frontal.
Ora, protetto su tre lati, Buck si trovava di fronte solo al lupo frontale.
Allí se mantuvo a raya, listo para la siguiente ola de asalto.
Lì rimase in attesa, pronto per la successiva ondata di assalto.
Buck se mantuvo firme con tanta fiereza que los lobos retrocedieron.
Buck mantenne la posizione con tanta ferocia che i lupi indietreggiarono.
Después de media hora, estaban agotados y visiblemente derrotados.
Dopo mezz'ora erano sfiniti e visibilmente sconfitti.
Sus lenguas colgaban y sus colmillos blancos brillaban a la luz de la luna.
Le loro lingue pendevano fuori e le loro zanne bianche brillavano alla luce della luna.
Algunos lobos se tumbaron, con la cabeza levantada y las orejas apuntando hacia Buck.

Alcuni lupi si sdraiano, con la testa alzata e le orecchie dritte verso Buck.

Otros permanecieron inmóviles, alertas y observando cada uno de sus movimientos.

Altri rimasero immobili, attenti e osservarono ogni suo movimento.

Algunos se acercaron a la piscina y bebieron agua fría.

Qualcuno si avvicinò alla piscina e bevve l'acqua fredda.

Entonces un lobo gris, largo y delgado, se acercó sigilosamente.

Poi un lupo grigio, lungo e magro, si fece avanti furtivamente, con passo gentile.

Buck lo reconoció: era el hermano salvaje de antes.

Buck lo riconobbe: era il fratello selvaggio di prima.

El lobo gris gimió suavemente y Buck respondió con un gemido.

Il lupo grigio uggiolò dolcemente e Buck rispose con un guaito.

Se tocaron las narices, en silencio y sin amenaza ni miedo.

Si toccarono il naso, silenziosamente, senza timore o minaccia.

Luego vino un lobo más viejo, demacrado y lleno de cicatrices por muchas batallas.

Poi venne un lupo più anziano, scarno e segnato dalle numerose battaglie.

Buck empezó a gruñir, pero se detuvo y olió la nariz del viejo lobo.

Buck cominciò a ringhiare, ma si fermò e annusò il naso del vecchio lupo.

El viejo se sentó, levantó la nariz y aulló a la luna.

Il vecchio si sedette, alzò il naso e ululò alla luna.

El resto de la manada se sentó y se unió al largo aullido.

Il resto del branco si sedette e si unì al lungo ululato.

Y ahora el llamado llegó a Buck, inconfundible y fuerte.

E ora la chiamata giunse a Buck, inequivocabile e forte.

Se sentó, levantó la cabeza y aulló con los demás.

Si sedette, alzò la testa e ululò insieme agli altri.

Cuando terminaron los aullidos, Buck salió de su refugio rocoso.
Quando l'ululato cessò, Buck uscì dal suo riparo roccioso.
La manada se cerró a su alrededor, olfateando con amabilidad y cautela.
Il branco si strinse attorno a lui, annusando con gentilezza e cautela.
Entonces los líderes dieron un grito y salieron corriendo hacia el bosque.
Allora i capi lanciarono un grido e si precipitarono nella foresta.
Los demás lobos los siguieron, aullando a coro, salvajes y rápidos en la noche.
Gli altri lupi li seguirono, guaendo in coro, selvaggi e veloci nella notte.
Buck corrió con ellos, al lado de su hermano salvaje, aullando mientras corría.
Buck corse con loro, accanto al suo selvaggio fratello, ululando mentre correva.

Aquí la historia de Buck llega bien a su fin.
Qui la storia di Buck giunge al termine.
En los años siguientes, los Yeehat notaron lobos extraños.
Negli anni a seguire, gli Yeehats notarono degli strani lupi.
Algunos tenían la cabeza y el hocico de color marrón y el pecho de color blanco.
Alcuni avevano la testa e il muso marroni e il petto bianco.
Pero aún más temían una figura fantasmal entre los lobos.
Ma ancora di più temevano la presenza di una figura spettrale tra i lupi.
Hablaban en susurros del Perro Fantasma, líder de la manada.
Parlavano a bassa voce del Cane Fantasma, il capo del branco.
Este perro fantasma tenía más astucia que el cazador Yeehat más audaz.
Questo Ghost Dog era più astuto del più audace cacciatore di Yeehat.

El perro fantasma robó de los campamentos en pleno invierno y destrozó sus trampas.
Il cane fantasma rubava dagli accampamenti nel cuore dell'inverno e faceva a pezzi le loro trappole.
El perro fantasma mató a sus perros y escapó de sus flechas sin dejar rastro.
Il cane fantasma uccise i loro cani e sfuggì alle loro frecce senza lasciare traccia.
Incluso sus guerreros más valientes temían enfrentarse a este espíritu salvaje.
Perfino i guerrieri più coraggiosi avevano paura di affrontare questo spirito selvaggio.
No, la historia se vuelve aún más oscura a medida que pasan los años en la naturaleza.
No, la storia diventa ancora più oscura con il passare degli anni trascorsi nella natura selvaggia.
Algunos cazadores desaparecen y nunca regresan a sus campamentos distantes.
Alcuni cacciatori scompaiono e non fanno più ritorno ai loro accampamenti lontani.
Otros aparecen con la garganta abierta, muertos en la nieve.
Altri vengono trovati con la gola squarciata, uccisi nella neve.
Alrededor de sus cuerpos hay huellas más grandes que las que cualquier lobo podría dejar.
Intorno ai loro corpi ci sono delle impronte più grandi di quelle che un lupo potrebbe mai lasciare.
Cada otoño, los Yeehats siguen el rastro del alce.
Ogni autunno, gli Yeehats seguono le tracce dell'alce.
Pero evitan un valle con el miedo grabado en lo profundo de sus corazones.
Ma evitano una valle perché la paura è scolpita nel profondo del loro cuore.
Dicen que el valle fue elegido por el Espíritu Maligno para vivir.
Si dice che la valle sia stata scelta dallo Spirito Maligno come sua dimora.

Y cuando se cuenta la historia, algunas mujeres lloran junto al fuego.
E quando la storia viene raccontata, alcune donne piangono accanto al fuoco.
Pero en verano, un visitante llega a ese tranquilo valle sagrado.
Ma d'estate, c'è un visitatore che giunge in quella valle sacra e silenziosa.
Los Yeehats no saben de él, ni tampoco pueden entenderlo.
Gli Yeehats non lo conoscono e non potrebbero capirlo.
El lobo es grande, revestido de gloria, como ningún otro de su especie.
Il lupo è un animale grandioso, ricoperto di gloria, come nessun altro della sua specie.
Él solo cruza el bosque verde y entra en el claro.
Lui solo attraversa il bosco verde ed entra nella radura della foresta.
Allí, el polvo dorado de los sacos de piel de alce se filtra en el suelo.
Lì, la polvere dorata contenuta nei sacchi di pelle d'alce si infiltra nel terreno.
La hierba y las hojas viejas han ocultado el amarillo al sol.
L'erba e le foglie vecchie hanno nascosto il giallo del sole.
Aquí, el lobo permanece en silencio, pensando y recordando.
Qui il lupo resta in silenzio, pensando e ricordando.
Aúlla una vez, largo y triste, antes de darse la vuelta para irse.
Urla una volta sola, a lungo e lugubremente, prima di girarsi e andarsene.
Pero no siempre está solo en la tierra del frío y la nieve.
Ma non è sempre solo nella terra del freddo e della neve.
Cuando las largas noches de invierno descienden sobre los valles inferiores.
Quando le lunghe notti invernali scendono sulle valli più basse.
Cuando los lobos persiguen a la presa a través de la luz de la luna y las heladas.

Quando i lupi seguono la selvaggina attraverso il chiaro di luna e il gelo.
Luego corre a la cabeza del grupo, saltando alto y salvajemente.
Poi corre in testa al gruppo, saltando in alto e in modo selvaggio.
Su figura se eleva sobre las demás y su garganta está llena de canciones.
La sua figura svetta sulle altre, la sua gola risuona di canto.
Es la canción del mundo más joven, la voz de la manada.
È il canto del mondo più giovane, la voce del branco.
Canta mientras corre: fuerte, libre y eternamente salvaje.
Canta mentre corre: forte, libero e per sempre selvaggio.

www.ingramcontent.com/pod-product-compliance
Lightning Source LLC
Chambersburg PA
CBHW010030040426
42333CB00048B/2786